হাতে খড়ি

সম্পাদনা - গোপাল পাত্র

pencil

ISBN 978-93-5458-641-5

Published in India 2021 by Pencil

Contributors:
Editor: Gopal Patra

A brand of
One Point Six Technologies Pvt. Ltd.
123, Building J2, Shram Seva Premises,
Wadala Truck Terminal, Wadala (E)
Mumbai 400037, Maharashtra, INDIA
E connect@thepencilapp.com
W www.thepencilapp.com

Author biography

১) রানী সেন...মাতা-পিতার চরণে

রচনাকাল:- ২০/১২/১৯৬৮

২) হামিদুল ইসলাম... ভয়

রচনাকাল:- ২০/০৭/২৯৭০

৩) স্বপন মুখোপাধ্যায় ... গাবলুর তাল

রচনাকাল:- ২৬/০২/১৯৮৭

৪) গোবিন্দ মোদক ... প্রেমর

চনাকাল:- ০৭/০৯/১৯৮৯

৫) দিলীপ চক্রবর্তী ... শতফুল বিকশিত হোক রচনাকাল:- ০৫/০৩/১৯৯০

৬) গোপাল পাত্র...

কবিতা:- পূর্ণিমার চাঁদ

রচনাকাল:- ০৫/০৭/১৯৯৩

অনুনাটিকা:- আশ্রয়

রচনাকাল:- ১১/০৭/১৯৯৩

ছোট গল্প :- ডাইনী

রচনাকাল:- ১৮/০৭/১৯৯৪

বিশেষ আত্মজীবনী মূলক রচনা :-

কেউ কথা রাখে না

রচনাকাল:- ০২/১১/২০১৮

৭) অমিতাভ মুখার্জি ...আগুন

রচনাকাল:- ২৩/০৮/১৯৯৩

৮) রিয়া মিত্র ... পূজার ছুটি

রচনাকাল:- ১০/১১/১৯৯৫

৯) সমীর নস্কর ...মুকুটমণি পুর

রচনাকাল:- ২৭/০১/১৯৯৬

১০) হেনা পারভীন... প্রেম বন্ধন

রচনাকাল:- ১৬/০৫/১৯৯৯

১১) স্বাগত ঘোষ ... রোল মডেল

রচনাকাল:- ২৪/০৮/২০০১

১২) সন্দ্বীপ কুমার ঘোষ ... তুমি

রচনাকাল:- ০৪/০৬/২০০৫

১৩) সর্ব দমন বোস ... হোক কলরব

রচনাকাল:- ০৪/১২/২০১৫

১৪) রবীন্দ্রনাথ হালদার ... মৃত্যুর হাতছানি

রচনাকাল:- ২০/০৭/২০১৫

১৫) দেবস্মিতা ঘোষ ... যেসব ভুলের ক্ষমা নেইরচনাকাল:- ১০/০৩/২০১৭

১৬) রুমা চক্রবর্তী ... ভুল বার্তায়

রচনাকাল:- ০১/০৮/২০১৭

১৭) ফটিক ঘোষ ... হৃদপিণ্ড

রচনাকাল:- ১৫/০৪/২০১৮

১৮) রতন বসাক... অপেক্ষা

রচনাকাল:- ২৯/০৬/২০১৮

১৯) চৈতালি দাস মজুমদার ...লগ্নভ্রষ্টা

রচনাকাল:- ০৮/০৮/২০১৮

২০) সৌমেন চক্রবর্তী ... সংস্কার ও কুসংস্কার

রচনাকাল:- ১৩/০৯/২০১৯

২১) শুভব্রত ব্যানার্জি... প্রেমের সাগর

রচনাকাল:- ০৪/০২/২০২০

২২) কৃষ্ণ হাজরা দাস ... লকডাউন

রচনাকাল:- ১৯/০৫/২০২০

২৩) মুহা. কবির হোসেন ... নিন্দা দাস

রচনাকাল:- ০৪/০৮/২০২০

২৪) মহুয়া হাজরা... ঋতু রানী

রচনাকাল:- ২১/০৬/২০২০

২৫) স্নেহা মুখার্জি... ছন্দর

চনাকাল:- ১৮/০৮/২০২০

২৬) কাকলি আক্তার... স্বপ্নময়ী জীবন

রচনাকাল:- ০৩/০৩/২০২১

২৭) মুসাফির গৌতম... অনামিকা

রচনাকাল:- অজানা

২৮) রজনীকান্ত মাখাল...দুখের বাঁকে ঘর বেঁধেছি

রচনাকাল:- অজানা

২৯) সঙ্গীতা মজুমদার... কাব্যধারা

রচনাকাল:- অজানা

CONTENTS

হাতে খড়ি

হাতে খড়ি

যৌথ কাব্য সংকলন

সম্পাদনা-গোপাল পাত্র

উৎসর্গঃ- আদি কবি বাল্মিকী মুনির পাদপদ্মে...

এডিটিং- পি,ডি,এফ পেজ ও পি,ডি,এফ ফাইল মেকার !

স্ব- বাক প্রকাশনী

E-maill-bananipatra200@gmail.com

Phone number :- **9143098660**

সম্পাদকীয়

এই যৌথ কাব্যগ্রন্থের বিষয়বস্তু হল

" হাতে খড়ি"

অর্থাৎ আপনার রচিত প্রথম সৃজন সে কবিতা ,গল্প কিংবা প্রবন্ধ অথবা অন্য যে কোন লেখা...

শর্ত ছিলো একটাই সেটাআপনার প্রথম লেখা অর্থাৎ যে লেখাটা দিয়ে আপনি হাতে খড়ি দিয়েছিলেন !

সেই আদি কাব্যিক কাল অর্থাৎ বাল্মিকী মুনির আমল থেকেই নারী-পুরুষ (লেখক/ কবি গন) নির্বিশেষে সকলে কিছু না কিছু প্রাকৃতিক সৌন্দর্য অথবা বাস্তবে ঘটে যাওয়া কিছু মুহূর্ত থেকে অথবা কখনো(প্রেমিক/ প্রেমিকার) প্রেমে পড়ে কারো চোখ কারো ঠোঁট কারো চরিত্র গঠন দেখে প্রথম সৃজন মানে কলমের আঁচড়ে সাদা পাতায় অথবা মনের জমিতে অঙ্কুরিত হয়েছে ...

কোন একদিন মুনিবর বাল্মীকি শিষ্য ভরদ্বাজকে সাথে নিয়ে তমসা-তীর্থে স্নান করতে যাত্রা পথে প্রকৃতির অপরূপ নৈসর্গিক শোভা সন্দর্শনে বিমুগ্ধ হয়ে ইতস্তত বিচরণ করছেন। এক ব্যাধ বাল্মীকির সম্মুখেই এক ক্রৌঞ্চযুগলের মধ্যে পুরুষ ক্রৌঞ্চকে তীরবিদ্ধ করে । স্ত্রী ক্রৌঞ্চটি করুণ সুরে বিলাপ করতে থাকে । এই দৃশ্য দেখে ক্রুদ্ধ বাল্মীকির মুখ থেকে অভিশাপ বাণীর আকারে উচ্চারিত হয় সৃষ্টির

প্রথম শ্লোক :- মা নিষাদ প্রতিষ্ঠাং ত্বমগমঃ শাশ্বতীঃ সমাঃ।যৎ ক্রৌঞ্চমিথুনাদেকমবধীঃ কামমোহিতম্।

- নিষাদ , তুই চিরকাল প্রতিষ্ঠা লাভ করবি না , কারণ তুই কামমোহিত ক্রৌঞ্চমিথুনের একটিকে বধ করেছিস ।এ পঙক্তিটিকে সংস্কৃত সাহিত্য সৃষ্টিধারার আদি কবিতা ভেবে বাল্মীকিকে 'আদি-কবি'ও বলা হয়ে থাকে ।

তেমনি ভাবে " হাতে খড়ি " নামক যৌথ সংকলনটিতে আপনাদের প্রথম লেখা কবিতা গল্প কিংবা প্রবন্ধ স্থান পেয়েছে - এবং গ্রন্থটিতে লেখা গুলি সময়ের ক্রমন্বয়ে সাজানো হয়েছে অর্থাৎ দীর্ঘদিন থেকে সমস্ত কবি-লেখকরা লিখছেন তাদের মানে অগ্রজ কবি /লেখক এর লেখাকে অগ্রাধিকার দেওয়া হয়েছে ১৯৬৮ সালে থেকে ২০২১ পর্যন্ত লেখক-কবিদের লেখা এই গ্রন্থে স্থান দেওয়া হয়ছে !

তাই এই যৌথ সংকলনের মাধুর্য এবং ঐতিহ্য একদম আলাদা তা বলার বাহুল্য রাখে না !এখন পাঠক-পাঠিকা মহলে গ্রহণযোগ্য হলে আমার পরিশ্রম সার্থক হবে !

প্রসঙ্গত এই যৌথ সংকলনের জন্য অজস্র লেখা জমা পড়েছে কিন্তু অনেকে নিয়মকানুন পালন করেননি ... কেউ কেউ লেখার তারিখটি দেননি অথবা লেখাতে বর্তমান তারিখটি যোগ করেছেন তাদেরকে বলা সত্বেও লেখার প্রকৃত তারিখটি মনে করতে পারছেন না অথবা দিতে পারছেন না - সেজন্য তাদের লেখা বাদ দিতে বাধ্য হয়েছি!

যাদের লেখা প্রকাশিত হলো এবং যাদের লেখা প্রকাশিত হলো না সকলকেইআমার তরফ থেকে আন্তরিক অভিনন্দন এবং সবার জন্য রইলো অশেষ শুভ কামনা...

গোপাল পাত্র (সম্পাদক- যৌথ কাব্য সংকলন)

সূচিপত্র:-

রচনাকাল:- ০৫/০৭/১৯৯৩

অনুনাটিকা:- আশ্রয়

রচনাকাল:- ১১/০৭/১৯৯৩

ছোট গল্প :- ডাইনী রচনাকাল:- ১৮/০৭/১৯৯৪

বিশেষ আত্মজীবনী মূলক রচনা :-

কেউ কথা রাখে না

রচনাকাল:- ০২/১১/২০১৮

৭) অমিতাভ মুখার্জি ...আগুন

রচনাকাল:- ২৩/০৮/১৯৯৩

৮) রিয়া মিত্র ... পূজার ছুটি

রচনাকাল:- ১০/১১/১৯৯৫

৯)সমীর নস্কর ...মুকুটমণি পুর

রচনাকাল:- ২৭/০১/১৯৯৬

১০) হেনা পারভীন... প্রেম বন্ধন

রচনাকাল:- ১৬/০৫/১৯৯৯

১১) স্বাগত ঘোষ ... রোল মডেল

রচনাকাল:- ২৪/০৮/২০০১

১২) সন্দ্বীপ কুমার ঘোষ ... তুমির

চনাকাল:- ০৪/০৬/২০০৫

১৩) সর্ব দমন বোস ... হোক কলরব

রচনাকাল:- ০৪/১২/২০১৫

১৪) রবীন্দ্রনাথ হালদার ... মৃত্যুর হাতছানি

রচনাকাল:- ২০/০৭/২০১৫

১৫) দেবস্মিতা ঘোষ ... যেসব ভুলের ক্ষমা নেই

রচনাকাল:- ১০/০৩/২০১৭

১৬) রুমা চক্রবর্তী ... ভুল বার্তায়

রচনাকাল:- ০১/০৮/২০১৭

১৭) ফটিক ঘোষ ... হৃদপিণ্ডর

চনাকাল:- ১৫/০৪/২০১৮

১৮) রতন বসাক... অপেক্ষা

রচনাকাল:- ২৯/০৬/২০১৮

১৯) চৈতালি দাস মজুমদার ...লগ্নভ্রষ্টা

রচনাকাল:- ০৮/০৮/২০১৮

২০) সৌমেন চক্রবর্তী ... সংস্কার ও কুসংস্কার

রচনাকাল:- ১৩/০৯/২০১৯

২১) শুভব্রত ব্যানার্জি... প্রেমের সাগর

রচনাকাল:- ০৪/০২/২০২০

২২) কৃষ্ণ হাজরা দাস ... লকডাউন

রচনাকাল:- ১৯/০৫/২০২০

২৩) মুহা. কবির হোসেন ... নিন্দা দাসর

চনাকাল:- ০৪/০৮/২০২০

২৪) মহুয়া হাজরা... ঋতু রানী

রচনাকাল:- ২১/০৬/২০২০

২৫) স্নেহা মুখার্জি... ছন্দ

রচনাকাল:- ১৮/০৮/২০২০

২৬) কাকলি আক্তার... স্বপ্নময়ী জীবন

রচনাকাল:- ০৩/০৩/২০২১

২৭) মুসাফির গৌতম... অনামিকা

রচনাকাল:- অজানা

২৮) রজনীকান্ত মাখাল...দুখের বাঁকে ঘর বেঁধেছি

রচনাকাল:- অজানা

২৯) সঙ্গীতা মজুমদার... কাব্যধারা

রচনাকাল:- অজানা

মাতা পিতার চরণে

রানী সেন

২৯/১২/১৯৬৮

মা বাবু তোমাদের জন্য দেখেছি আমি পৃথিবীর মুখ-

তোমাদের কাছে পেয়েছি জীবনের যত সুখ !

লোকে বলে জননী জন্মভূমিশ্চ স্বর্গাদপি গরীয়সী-

পিতা স্বর্গ পিতা ধর্ম বলেন মুনি ঋষি !

মা বাবু তোমাদের জন্য হয়েছি আমি বড় -

হই যেন তোমাদের শ্রেষ্ঠ সন্তান এই আশীর্বাদ করো!

ভয়

হামিদুল ইসলাম

২০/০৭/১৯৭০

নাই নাই নাই সুখ নাই

শুধু আছে ভয় আ

রাজ ত্রিপুরা

করিতেছে জয় ।

এজীবন বন্দি, বন্দি খাঁচা

ভয়ের বাকল পরে আছে মানুষ স

পালাচ্ছে গ্রাম থেকে শহর,

শহর ছেড়ে গ্রাম

আগুনে পুড়ছে দুখের তুষ ।

আমরা পালাচ্ছি অঙ্কের বই খাতা ফেলে

অঙ্ক ভয়ের আগুন

এ আগুন নেভে না জলে

এ আগুনে পোড়ে মন,

পুড়ে যায় মনের ফাগুন।

নীল ঘুড়ি ওড়ে আকাশের সীমানায়

লাটাই নিয়েছে ছুটি

মনের ভেতর আর এক মন জেগে ওঠে

সেখানে নেই কোনো ভ্রুকুটি।

গাবলুর তাল

স্বপন মুখোপাধ্যায়

২৬/০২/১৯৮৭

তাল পুকুরের ধারে

গাবলু ফড়িং মারে

আকাশ পথে সোনার পাখি

ফুড়ুৎ উড়ে যায়--

গাবলু ফিচেল ড্যাবডেবিয়ে

কি রকম তাকায়।

তাল তলাতেই বাস

আবৃত্তি আর বাউল গেয়ে

খায় চুষে তালশাঁস।

গাবলু বেতাল গাবলুর তাল

রাংতা দিয়ে মোড়া তা

তলাতে এসছে ধিনিক

নরম কাঠের ঘোড়া।

প্রেম

গোবিন্দ মোদক

০৭/০৯/১৯৮৯

নিস্তব্ধ দুপুরের আলসেমিতে
যদি মনে কোনও ছন্দ জেগে উঠে দোলা দেয়,
অথবা তারা ভরা কোনও সুগভীর রাতে
অজানা কোনও কষ্টে বুক ভরে ওঠে,
কিংবা, মনে পড়ে যায় গুটিকয় কথা
আর কোমল একটি স্পর্শ,
কিংবা ভীরু কোন চকিত চাহনি,
অথবা বৃষ্টিঝরা কোন সন্ধ্যার অবকাশে --ম
তুলসী-তলায় জ্বলে ওঠে
আবেশের প্রদীপ,
তবে জেনো, তুমি সেই মহার্ঘের পেয়েছ সন্ধান,
এসো, চুপিসারে কানে কানে বলি তার নাম।।

শত ফুল বিকশিত হোক

দিলীপ চক্রবর্ত্তী

০৫/০৩/১৯৯০

ফুল ছিঁড়ে ফেল,

পাপড়ি গুলি শুকিয়ে যাক।

ফুলে কি আছে?

সৌন্দর্য!আর পাপড়ি?

সে'তো বর্ণময়!

ও সমস্ত কল্পনায়---সা

দূর কর,বস্তাবন্দি কর ওসব।য

তাড়াতাড়ি পার।।

ও'তো শিবরাত্রির সলতে,

টিমটিম করে জ্বলছে অবরুদ্ধ কিউবায়,

আরকোথায়?

এ বাস্তব,হোক না ধূমকেতু।

আর আমরা?

কঠিন সময়ের মুখোমুখি!

তাই আমাদের শপথ--চেতনায়,

প্রতিরোধে,সংগ্রামে

"শত ফুল বিকশিত হোক" !!

পূর্ণিমার চাঁদ

গোপাল পাত্র

০৫/০৭/১৯৯৩

বসিয়া ছিলাম পূর্ণিমা রাতে দেখিতে
ছিলাম তোমার দিকে ...

তোমায় দেখিয়া ভাবিতে ছিলাম ওগো
" পূর্ণিমার চাঁদ "
তুমি কত অপরূপ সুন্দর
মোরা কি পারিব কখনো- হতে
তোমারই মত সুন্দর ?

ওগো পূর্ণিমার চাঁদ
তুমি কত আলো ছড়ায়
এই ধরণীর বুকে...
অত আলো তুমি কোথায় পেলে ?

ওগো পূর্ণিমার চাঁদ ...

মোরা কি কখনো পারিব না
ছড়াইতে অত আলো
এই সমাজের বুকে
ওগো পূর্ণিমার চাঁদ ?

তোমার আলোয় ভুবন ভরিয়াছে-
ঘুচিয়াছে রাতের অন্ধকার...
তোমারই মত মোরা কি পারিব ঘুচাইতে
সমাজের অন্ধকার ...
ও গো পূর্ণিমার চাঁদ ?

অনুনাটিকা :-

আশ্রয়

গোপাল পাত্র

রচনাকাল :- ১১/০৭/১৯৯৩

চরিত্র বিশ্লেষণ

এক) কালিকা প্রসাদ .... একজন সমাজের কুখ্যাত ডাকাত বয়স ৪০বছর

২) ভিখারি বাবা ...এক নাম-গোত্রহীন ভিখারি ফুটপাতবাসী বয়স ৭৫-৮০ বছর

৩) রাধা বালা দেবী... একজন বয়স্ক ফুটপাত নিবাসী

৪) আলোক ... গুন্ডা

৫) মল্লিকা... বারবণিতা

৬) অজিত বাবু ...কাউন্সিলর

৭)সভাপতি ...শহরের গণ্যমান্য ব্যক্তি

৮)নেপথ্য ...অনেক শহরবাসী ও ফুটপাতবাসী

প্রথম দৃশ্য:-

(কালীকা প্রসাদ ফুটপাত বাসীদের জন্য একটি আশ্রয় তৈরি করেছেন... সেই বাড়িটি উদ্বোধন উপলক্ষে একটি ছোট্ট অনুষ্ঠানের আয়োজন করা হয়েছে এখানে সকল ফুটপাত বাসী সঙ্গে অনেক গণ্যমান্য ব্যক্তি এবং শহরবাসীরা ও জমায়েত হয়েছে সভাপতিত্ব করছেন শহরের গণ্যমান্য ব্যাক্তি প্রবীর বাবু)

সভাপতি।। বন্ধুগণ আজকের এই সভা কেন আয়োজন করা হয়েছে তা সকলেই জানেই মানে কারো অজানা নয় ...এখন আপনাদের সামনে বক্তব্য রাখবেন আমাদের এলাকার কাউন্সিলর শ্রীযুক্ত অজিত বাবু- আসুন অজিত বাবু...

অজিত।। বন্ধুগণ অনেকদিন ধরে যেসব মানুষ বহু দুঃখ কষ্ট বেদনা সহ্য করে ফুটপাতে বাস করছিলেন সেই সব ফুটপাত বাসীদের জন্য একটি আশ্রয়ের ব্যবস্থা করেছে কালিকাপ্রসাদ বাবু!

কালিকাপ্রসাদ বাবুর মতন একজন লোক এগিয়ে এসেছেন সমাজ সেবার জন্য ...সেই জন্য আমি উনার প্রতি গর্ব অনুভব করছি...উনার ওই উদার মনোভাব এবং মহান কর্মে সকলেরই এগিয়ে আসা উচিত বলে আমার মনে হয়! কালিকাপ্রসাদ বাবুর এই প্রচেষ্টার সাফল্য কামনা করে আমি আমার বক্তব্য

শেষ করছি - নমস্কার...

(অসংখ্য করতালি)

সভাপতি।। এবারে আপনাদের সামনে বক্তব্য রাখবেন পুরনো ফুটপাত নিবাসী রাধা বালা দেবী ...

রাধাবালা।। আজকে আমার যে কি আনন্দ হচ্ছে তা আমি তোমাদের সামনে বলে বুঝাতে পারব নি... এতদিন গা ছেড়ে শহরে এসিচিনু তারপর এই ফুটপাতে রোদ বৃষ্টি ঝড় মাথায় করে ফুটপাতের পড়েছিনু কোন মাথা গোঁজার ঠাঁই ছিল নি...আজ কালিবাবুর করুণায়- দয়ায় আমরা একটি মাথা গোঁজার ঠাঁই পাব এর চেয়ে আনন্দের আর কি আছে ?

উনি তো আমাদের কাছে সাক্ষাৎ ভগবান

(রাধা বালা দেবী বক্তব্যর মাঝখানে হন্তদন্ত হয়ে কালিবাবুর প্রবেশ)

কালি প্রসাদ।। অনুগ্রহ করে আপনারা চুপ করুন ও সব কথা বলবেন না ...

রাধাবালা।। কি সব বলছে বাবা কেন এ কথা বলছ?

(নেপথ্যে দর্শকদের মধ্যে একটা শোরগোল পড়ে যায়কি হলো ...কি হয়ছে)

কালীপ্রসাদ।। বিশ্বাস করুন আমি আপনাদের জন্য কিছুই করিনি শুধু একজনের কথা রাখতে আমি এই কাজ করেছি মাত্র...

রাধা বালা।। কেন বাবা তুমিই তো আমাদের জন্য এই ঘরটা তৈরি করে দিয়েছো ...

(দর্শকদের আসনে হ্যাঁ তাইতো তাইতো)

সভাপতি।।কি বলছেন কালিবাবু আপনি কিছুই করেননি- এ কথার মানে কি?

কালীপ্রসাদ।। হ্যাঁ বিশ্বাস করুন আমি কিছুই করিনি - আমি কি কাজ করি তার শহরের প্রায় প্রতিটা লোকই জানে ! আমি এই কাজ করেছি একজনার টাকায়- কেবল একজনের কথা রাখার জন্য ...

(সকল দর্শকের মধ্যে গুঞ্জন সে কে সত্যিটা বলুন... বলুন কালি বাবু)

সে কথাই বলছি সেদিনটি ছিল মেঘলা আকাশ কালো করে অঝোরে বৃষ্টি পড়ছিল- শন - শন শব্দে বাতাস বইছিল ...পুলিশ আমাকে তাড়া করেছিল আমি পুলিশের তাড়া খেয়ে ছুটে গেলাম মল্লিকের ঘরে !

তারপর...

মল্লিকার ঘরের দরজায় জোরে জোরে ধাক্কা দিয়ে বললাম মল্লিকা দরজা খোল...

মল্লিকা।। এত রাতে আবার কে এলো... দেখিগে কোন নাগর ? কে ...

কালিপ্রসাদ।। মল্লিকা আমি...

মল্লিকা।। ও কালিবাবু আজও বুঝি পুলিশের তাড়া খেয়ে এয়েছো? আমার ভাড়া বেড়েছে তা আগেই বলে দিলুম ১০০-২০০তে আর হবেনি...

কালীপ্রসাদ।। তোর হেঁয়ালি রাখ... দরজাটা খোল আগে !

মল্লিকা।। নাগরের যে তর সইছেনি... খুলছি খুলছি বাবা কিন্তু ওই আগেই বলে দিনু...(দরজা খুলে দেয়)

(মল্লিকা দরজা খুলতেই হুড়মুড়িয়ে ঢুকে পড়ে কালিকাপ্রসাদ এবং নিজেই দরজাটা ভেজিয়ে দেয়)

কালিপ্রসাদ।। (রাগে গজগজ করতে বলে) ধ্যমনা শালী - আমি এলেই তোর ভাড়া দ্বিগুণ তিনগুণ হয়ে যায় না ?

মল্লিকা।। তির্যক ভঙ্গিতে কালি প্রসাদের কাকভেজা চেহারা দেখে বলে - কি আজ কোথায় যাওয়া হয়েছিল ওয়াগন ভাঙতে ছিন্তাই না কারো বাড়ি চুরি ডাকাতি করতে ?

কালিপ্রসাদ।। কি কৈফিয়ৎ তোকে দেব নাকি ?যা ঝটপট এক গ্লাস জল আর গামছাটা নিয়ে আয়- দেখছিস তো একেবারে কাক ভেজা হ্যেগেছি...

মল্লিকা।। আনছি আনছি আর কিছু লাগবে নি - ভালো বাংলা মদ আছে...

কালিপ্রসাদ।। নারে মল্লিকা আজ মন ভালো নেই আসার পথে দেখলাম ফুটপাতে একজন ভিখারি পড়ে আছে - দেহ থরথর করে কাঁপছে মনে হয় আর বাঁচবো না রে ...

মল্লিকা।। (জল গামছা এগিয়ে দিয়ে) এযে ভূতের মুখে রাম নাম গো... কালিবাবু আজ কি হয়েছে তোমার ? অন্যদিন হলে বোতলের ওপর বাংলা আর বিছানায় আমাকে চেটেপুটে শেষ করে দিতে ...

কালিপ্রসাদ।। (গামছা দিয়ে সারা শরীর মুছতে মুছতে বলে) নারে ওসব আজ ভালো লাগছে না !

মল্লিকা ।। ভালো লাগছে না তা বললে তো হবেনি এয়েছ যখন তখন আমার পুরো ভাড়াটাই কিন্তু দিতে হবে ...

(কালিপ্রসাদ কি মনে করে হঠাৎ মল্লিকা হাতে ৫০০ টাকা ধরিয়ে দিয়ে দ্রুত প্রস্থান করে)

ও হরি কালে কালে কি হলো - বেরালে বলে কিনা মাছ খাবনি ...যাগ্গে গায়ে-গতরে না খেটে আমার ভাড়াটা উশুল হলো এটাই বা কম কি?

(পর্দানামে)

দ্বিতীয় দৃশ্য:-

(বৃদ্ধ ভিখারি কোন রকমে অতিকষ্টে একটি দোকান বারান্দায় আশ্রয় নিয়েছে)

অলোক।। কে- কে ওখানে?

ভিখারি।। আমি বাবুমশাই (অতি কষ্টের সঙ্গে)

অলোক।। তুই কে ?এই ঝড়ের রাতে কি করছিস ওখানে? তুই নিশ্চয়ই চুরির মতলব করছিস?

ভিখারি।। নানা বাবুমশাই আমি এসেছি একটু আশ্রয়ের খাঁজে - বাইরে - ঝড়- বৃষ্টি তাই...

আলোক।। না তুই চুরি করতে এসেছিস তোর পুটুলিতে কি আছে দেখি?

ভিখারি।। না বাবুমশাই পুতুলিতে হাত দেবেন না পায়ে পড়ি হাতে ধরি...

(অলোক এক লাথি মেরে বৃদ্ধ কে ফেলে দিয়ে পুঁটুলি কেড়ে নেয়- এমন সময় কালিকাপ্রসাদের প্রবেশ)

কালিপ্রসাদ।। ওই পুতুলটা ফিরিয়ে দে ...

আলোক ।।আমার কাজে বাধা দেয় কে রে ... ও কালি প্রসাদ

কালিপ্রসাদ।। কথা বাড়াস না দিয়ে দে আজ কাল ভিখারিদের ও ছারচিস না দেখছি...

আলোক।। দেব না দেব না...কি করবি তুই?

কালিকাপ্রসাদ।।(পিস্তল বের করে) ফিরিয়ে দে বলছি - নইলে...

আলোক।। (তাচ্ছিল্য ভরে পুঁটুলি টা বৃদ্ধের দিকে ছুঁড়ে দিয়ে) কাজটা কিন্তু ভালো হল না এই বলে দিলুম - পরে হিসেব - নিকেশ হবে

কালিপ্রসাদ।।

আরে যা যা... তোদের মত ফুকো মাস্তান আমি অনেক দেখেছি আমার আবার হিসেব নিকষ ...হা হা

(দুজনের দুদিক দিয়ে প্রস্থান)

তৃতীয় দৃশ্য:-

(পরদিন সকালে রাস্তা দিয়ে যাচ্ছে কালিকাপ্রসাদ হঠাৎ নজর পড়ে সেই দোকান বারান্দার গতকালের সেই বৃদ্ধ ভিখারি অচেতন অবস্থায় পড়ে আছে...)

কালিপ্রসাদ।।

(কিছুটা অগ্রসর হয়ে কাছাকাছি গিয়ে হ্যাঁ সেই ভিখারি ...)

হাত দিয়ে ঠেলা দিয়ে ভিখারি বাবা উঠে পড়ো সকাল হয়ে গেছে ... একি কোন সাড়া দিচ্ছে না কেন মরে গেছে নাকি ?

পুঁটুলি তে কি আছে দেখতে হবে - কালকে তো পুটলিটা জন্য এত কাকুতি-মিনতি করছিলই বা কেন? দেখি কি আছে ?

(পুঁটুলি টাই হাত দিতেই বৃদ্ধ যেন নড়ে চড়ে উঠলেন ... পুঁটুলি খুলেই কালি প্রসাদ বিস্ময় হতবাকথরে থরে সাজানো শুধু টাকা) এত টাকা এই বৃদ্ধ পেল কোথায় ?

ভিখারি।।কিছুক্ষণের মধ্যে ভিখারি চোখ খুললেন খুব ক্ষীণ কণ্ঠে বললেন ...বাবা তুমি তো সেই যে গতকাল রাতে আমার ওই পুটিলি টা রক্ষা করেছিলে...হয়তো ভগবানই তোমাকে

আমার কাছে সঠিক সময়ে পাঠিয়ে দিয়েছে বাবা...ওটা আমার সারা জীবনের উপার্জন ...সেই কবে গা ছেড়ে শহরে চলে আসি সেই থেকে ফুটপাতে বাস করে- কোন কোন দিন অভুক্ত থেকে ভিক্ষা করে ওই টাকা উপার্জন করেছি! আশা ছিল ওই টাকাগুলো দিয়ে শহরে একটি বাড়ি তৈরি করব ...কিন্তু তা আর হলো না বাবা তুমি এই টাকাগুলো রাখো কিন্তু একটা শর্ত ...

কালিপ্রসাদ।। কি শর্ত বলুন আপনি যা বলবেন তাই হবে...

ভিখারি।। তুমি বাবা ওই টাকা গুলি নিয়ে ... যারা ফুটপাতে বাস করে যারা রাস্তায় রাস্তায় ঘুরে বেড়ায়- ভিক্ষা-ঝুলি হাতে নিয়ে তাদের জীবন কত যে দুঃখের কত যে কষ্টের কত যে বেদনা কেউ বুজবে না !তাই বাবা তুমি ওদের জন্য একটা ঘর মানে আশ্রয় তৈরি করে দিও বাবা ...

কালিপ্রসাদ।। আমি আপনাকে কথা দিলাম আপনার কথা রাখবো...

ভিখারি।। তোমার কথায় আমি আশ্বস্ত হলাম বাবা ...তুমি আমার স্বপ্নকে পূরণ করবে ...আমি জীবনে অনেক কষ্ট পেলাম আর যারা ফুটপাত নিবাসী যারা ভিখারি অন্তত তারা তো একটু মাথা গোঁজার ঠাঁই পাবে - একটা আশ্রয় পাবে এটুকুই আমার পরম শান্তি ...

(মৃত্যুর কোলে ঢলে পড়ে কালিকাপ্রসাদ অনুতাপ করে চোখের জল মোছে... পর্দা নেমে আসে)

আবার ফিরে এলাম বর্তমানে

প্রথম দৃশ্যের শেষাংশ:-

(পর্দা সরাতে দেখা গেল জনসভা উপস্থিত কালি প্রসাদ - রাধা বালা এবং সভাপতি প্রবীর বাবু)

কালি প্রসাদ ।। আমি সেই বুড়ো বাবার কথা রাখতেই এই বাড়িটা তৈরি করে দিয়েছি ...তাহলে আপনারাই বলুন আমি আপনাদের জন্য কি করেছি! শুধুমাত্র আমি বুড়ো বাবার টাকা গুলো এই বাড়ি তৈরি করে দিয়েছি।আমার জয়ধ্বনি না করে সেই বুড়ো বাবার জয়ধ্বনি দিন সকলে মিলে ...

রধাবালা।। না বাবা তুমি আমাদের জন্যই করেছো ...ওই ভিখারি বাবা তুমি আসার আগে যদি মারা যেত তাহলে অন্য কেউই টাকাগুলো সব আত্মসাৎ করে দিত আমাদের কথা কেউ ভাবতো না! তুমি বাবা আমাদের মাথা গোঁজার ঠাঁই করে দিয়েছো- হয়তো ভগবান ইচ্ছায় তুমি উনার কাছে সেদিন পৌঁছে গিয়েছিলে তাই আমরা একটা আশ্রয় পেলাম !

(নেপথ্যে জনসাধারণ হ্যাঁ ঠিক কথা ঠিক কথা)

কালিকা প্রসাদ।।শুনছো ভিখারি বাবা আজকে ওরা সবাই আমার নামে জয়ধ্বনি করছে আমাকে ভালো মানুষ বলছে ...অথচ আমি জানি আমার কাজকর্ম কি চুরি ডাকাতি ছিনতাই ! আর তুমি তোমার কর্ম দিয়ে আমার চোখ খুলে দিলে তুমি সারা জীবনের সঞ্চয় উজাড় করে ভিখারিদের জন্য ফুটপাত বাসীদের জন্য একটি আশ্রয় গড়ে দিলে ! তোমার নামে আমি শপথ করছি আজ থেকে আমি সমাজসেবার কাজে নিযুক্ত হলাম ... আর তোমার দেখানো পথেই চলবো - আর " ভিখারি বাবা "নামে একটি চ্যারিটি গঠন করবো .... যার মূল উদ্দেশ্যই হবে আশ্রয়হীনদের আশ্রয় দেওয়া - দু'বেলা দু'মুঠো অন্ন জোগানো...

(নেপথ্যে বাহ তাহলে তো খুব ভালো হয় - খুব ভালো হবে ধন্য কালিবাবু তুমি ধন্য)

যবনিকাপতন...

ছোট গল্প:- **ডাইনী**

গোপাল পাত্র

১৮/০৭/১৯৯৪

হরিশপুর গ্রাম - গ্রামের বেশিরভাগ লোক অশিক্ষিত এর আওতায় পড়ে ! গ্রামের খেটে খাওয়া সাদাসিদে সাধারণ মানুষ ... তাদের মনটা সাদা হলে কি হবে অন্ধবিশ্বাস আর কুসংস্কারে কালো হয়ে গেছে !

গ্রামে সকলেই যে কুসংস্কারের বিশ্বাসী তা নয়- কিছু শিক্ষিত আছে যারা কুসংস্কারের বিরুদ্ধে মাথা তুলে দাঁড়াবার সাহস পায়না ... পাছে গ্রামের মাতব্বররা তাদেরকে একঘরে করে দেয় এই ভয়ে তারা চুপচাপ ঘরে বসে থাকে হাত-পা গুটিয়ে! শুধু চোখে আর কানে শোনে আর মনে মনে কিছুটা হতাশা অনুভব করে এই যা...

নাম কমলা দেবী বয়স

পঁচাশ পচান্ন হবে- গায়ের রং কালো চোখ দুটি কিছুটা বসা - উদ্ভ্রান্ত দৃষ্টি- দাঁতগুলো কিছুটা বড় বলা যায় উস্কোখুস্কো চুল ... যদিও সাজলে - গুজলে একটু সুন্দর দেখাতো কিন্তু যাদের নুন আনতে পান্তা ফুরায় কাদের আবার সাজগোজ ?

আর পোশাক বলতে একটা আধময়লা সাদা কাপড় তাতে আবার দুই - দশটা তাপ্পি মারা আর শোকে - দুঃখে পঁচাশ যেন পঁচাত্তরে পা দিয়েছে !

বিগত কয়েক বছর হল তিনি স্বামীহারা হয়েছেন - স্বামী হারানোর ব্যথা তিনি প্রায় ভুলে যেতে বসেছিলেন তার দুই ছেলের মুখের দিকে চেয়ে! কিন্তু একেবারে যে ঘটনাটি ঘটলো তা তো সহ্য করা যায় না যা ভুলে থাকার শত চেষ্টা করলেও ভোলা যায়না - যে ব্যথা মেয়েরা ছাড়া অন্য কেউ অনুভব করতে পারে না - সেটি হলো ছোট ছেলের মৃত্যু!

বয়স পনের কিংবা ষোল কয়েক দিনের জ্বরে হঠাৎই মারা যায় অমল !

পুত্র শোক যে কেমন তা পুত্র বিয়োগী মাতারাই জানেন স্বয়ং বিধাতাও বোধ করি তা বুঝতে পারেন না - বিশেষ করে পনের - ষোল বছরের পুত্রকে ছোট থেকে এত বড় করে তাকে অকালে হারানোর ব্যথা যে কত বড় যার পুত্র বিয়োগ হয়ছে তিনিই বোধ করি বুঝতে পারবেন ! মাতা সুখে-দুখে দিশাহারা হয়ে পরলো - বুকটা ফেটে চৌচির হয়ে যেতে চাইল কিন্তু ভাঙলো না এত টুকু- শুধু দুটি চোখ দিয়ে অঝোরে অশ্রু ঝরে বুক ভেসে যেতে লাগল... এমন একটি সময় এলো যখন চোখের জল বন্ধ হয়ে মনটা কেমন যেন পাথর হয়ে গেল !

কোন মানুষ যখন শোকার্ত হয় ...

অপরের কাছে আশা করে এতোটুকু সহানুভূতি কিংবা সমবেদনা আর যখন সে দেখে সকলে তার শোকের অংশীদার ...সকলে তার মত বেদনার্থ তখন সে সান্তনা পায়

এবং দুঃখটাকে ভোলার চেষ্টা করে !

কিন্তু এই পুত্র বিহগীনি মাতা সমাবেদনা সহানুভূতির বদলে ফেলো একরাশ অপবাদ ! এটা তার কাছে নতুন নয় স্বামীর মৃত্যুতে অনেকে তাকে নানান অপবাদ দিয়েছিল কিন্তু ছেলের মৃত্যুতে যেন তার চেয়ে অনেকগুণ বেশী ... কেউ তাকে বলল পিশাচী কেউবা বলল রাক্ষসী আবার অনেকে বলল ডাইনি শেষ পর্যন্ত তিনি সকল গ্রামবাসীর কাছে ডাইনি নামেপরিচিত হলেন !

সহানুভূতির সমবেদনার বদলে কটু কথা শুনে যা হবার তাই হল চেহারা আরো ভয়ঙ্কর চাওনি হলো আরো উদ্ভ্রান্ত চোখের কোণে কালি- পিচুটি ভরা আর চুল হল রুক্ষ শুষ্ক ...শীতের জন্য ঠোঁটের অগ্রভাগ থেকে ফেঁটে হা হা করছে ... হঠাৎ করে তাকে দেখলেই বুকের মধ্যে ভয় জেগে ওঠে অনেকেরই ! অনেকেই তার সঙ্গে সাহস করে কেউ কথা বলতে পারে না যার সঙ্গে দেখা হয় সেই মুখ ফিরিয়ে চলে যায় !

এমন চাহনি ও চেহারা দেখে সকল গ্রামবাসীকে ধারণা হলো সে ডাইনি- রাক্ষসী ... নিজের ছেলে কে খেয়েছে - আর কারো প্রতি তার দৃষ্টি পড়লে আর রক্ষে নেই !

পরিশ্রমের অধিকাংশ গ্রামবাসীর মনে এমনই একটা ধারণা হয়েছিল যদি কেউ কোন শুভ কাজে বেরিয়ে তার মুখোমুখি হয় তাহলে তার আর শুভ কাজে যাওয়া হয়না - কোন বাড়িতে যদি সে যায় বাড়ির লোক তাকে দেখে দরজা বন্ধ করে ! বাড়িতে কোন শিশু যদি দোলনায় ঘুমোই ডাইনিকে আসতে দেখেই দোলনা থেকে সরিয়ে ঘরে লুকিয়ে রাখা হয় - তাকে আসতে দেখে শিশুরা খেলাধূলা ফেলে ওই ডাইনি আসছে তাই নিয়ে আসছে বলে ছুটে পালায় !

খেতে বসলে ডাইনি যদি সেখানে কোনরকমে উপস্থিত হয় তাহলে সে খাবার থালা ফেলে সঙ্গে সঙ্গে উঠে পড়ে ... কারও

অসুখ বিসুখ হলে ভয় বাইরে বের হয় না দাইনিক দৃষ্টি পড়ে ... তাহলে আর রক্ষে নেই - মানে তাকে আর বাঁচানো যাবেনা !

মোটকথা আট থেকে আশি সকলের মনের মধ্যে একটা আতঙ্কের সৃষ্টি হয়েছিল সকলে তাকে দেখে ভয় ভয় করত ...এবং তাকে এড়িয়ে যাবার চেষ্টা করত কোন বাড়িতে গেলে তাকে মার - ধোর পর্যন্ত করতো বা গালমন্দ দিয়ে তাড়িয়ে দিত !

কমলাদেবী মাথা ঠিক না থাকলেও সকলের আচার-ব্যবহার সে বুঝতে পারতো তাই কারো বাড়িতে সে যেত না পাছে তাদের অমঙ্গল হয়... তাকে দেখে ভয় না পায় - তাই সে দিনের বেলা বিশেষ বাইরে বেরত না ঘরের মধ্যে চুপচাপ বসে থাকতো ! রাতের বেলায় সে পাগলির মতো রাস্তায় বা কোন বাড়ির আনাচে কানাচে ঘুরে বেড়াতো যেন কাকে খুঁজে বেড়াচ্ছে ...আর রাত্রিকালে তাকে ঘুরে বেড়াতে দেখে সে যে সত্যিই ডাইনি এ বিষয়ে সন্দেহ অনেক গুণ বেড়ে গেছে ...

অমল দের বাড়ি থেকে নিতাই দের বাড়ি কিছুটা দূরে অমল ও নিতাই ছিল দুই বন্ধু এবং তাদের বয়স ছিল মোটামুটি একই রকম চেহারাও কিছুটা মিল ছিলো বলাও যায় !আমলা দেবী নিতায়ের মুখে তাঁর মৃত ছেলে অমলকে খুঁজে পেয়েছিল তাই তাকে কদাচিৎ দেখতে পেলে তাকে কাছে ডাকতো কিংবা দূর থেকে দুচোখ ভরে দেখতো আর মনে মনে বিড়- বিড় করে কি যেন বলে যেত তা কে জানে ...

নিতাই কে অমল ভেবে মাঝে মাঝে তাকে জড়িয়ে ধরতে চাইতো - এই ঘটনা নিজের চোখে অনেকেই দেখেছে নিতাইয়ের মাও ফাক যায়নি - নিতাইয়ের মায়ের এই ঘটনা দেখে চক্ষু স্থির হয়ে গিয়েছিল ! তখনই তিনি নিতাই কে ঘরে ডেকে এনে ডাইনি সম্বন্ধে নানা রকম কথা শুনিয়েছিল...

অমলের মা ডাইনি ও অমল মেরেছে- রক্ত চুষে খেয়েছে ... ওর

কাছে তুই খবরদার যাবিনি ও যতই কাছে ডাকুক - ও মন্ত্র তন্ত্র জানে তুই ওর কাছে গেলে তোকে বশ করে একদিন সুযোগ বুঝি তোর সব রক্ত চুষে খেয়ে নিয়ে মেরে ফেলি দেবে... দেখিস নি ওর চেহারাটা কেমন ? ও রেতের বেলায় রাস্তায় রাস্তায় ঘুরি বেড়ায় - তখন ওর সামনে পড়লে মহাবিপদ সব রক্ত চুষে নেবে ...

মায়ের মুখে এ কথাগুলি শুনে অমলের মনে বিশ্বাস জেগে উঠল অমলের মা সত্যিই ডাইনি ...আর নিতাইয়ের মন আতঙ্কে ভরে গেল !

এমনি তেই নিতাইয়ের রোগা প্যাটকা চেহারা - ভিতু - রাশি হালকা তারপর সে এখন জন্ডিসে ভুগছে তার উপর তার মায়ের কথায় খুব ভয় পেয়ে গেল... স্বাভাবিক ভাবে সুস্থ মানুষের চেয়ে দুর্বল মানুষ ভয় পায় বেশি ...সে যত ভয় পায় সমস্ত ভয় তাকেই যেন জড়িয়ে ধরে !

তার জন্ডিসের ওপর নিতাইকে ডাইনি চিন্তাতে পেয়ে বসেছে তাই মাঝেমধ্যেই মায়ের কাছে গিয়েছে সে বলে আমাকে ডাইনির দৃষ্টি আছে আমার রক্ত চুশী খাচ্ছে... আমি আর বাঁচবো নি ...

ছেলের মুখে এই কথা শুনে ডাইনির উদ্দেশ্যে খুব গালমন্দ করে পা ছড়িয়ে হাউমাউ করে কাঁদতে বসে ওগো আমার কি হবে গো ওই ডাইনির দৃষ্টি আমার ছেলির উপর পড়িছে নিজের ছেলেকে খেয়ী হয়নে আমার ছে লি কে আবার খাবে গো... কি করবো গো কোথায় যাবো গো...

নিতাইয়ের গলায় কি যেন গাছের একটা শিকড়ের মালা ঝুলছে তাতেই নাকি জন্ডিস হয়ে যাবে... ঠাকুর বাড়িতে নিয়ে গিয়ে চিকিৎসা করানোর জন্য জন্ডিস আরো বেড়ে গেছে !জন্ডিস যত পাকচ্ছে তার শরীর দুর্বল হয়ে পড়ছে আর একে দুর্বল শরীর তার উপর ডাইনির ভয় তাকে গ্রাস করে

বসেছে ...রাতেরবেলা নিতাই মাঝে মাঝে ভয়ংকর স্বপ্ন দেখে ডাইনি বলে চিৎকার করে ঘুম থেকে উঠে জেগে ওঠে... কোন দিন বা ভয়ে কেঁপে ওঠে - ছেলের কান্ড কারখানা দেখে নিতাইয়ের মা-বাবার এ বিষয়ে কোন সন্দেহ রইলো না যে ওই ডাইনীই তাদের ছেলের উপরে দৃষ্টি দিয়ে রেখেছে আর রক্ত চুষে নিয়ে তাকে ক্রমশ দুর্বল করে তুলছে!

সেদিন নিতাই বাবা কানাই কিছু মাতব্বরের পরামর্শে কমলাদেবী বাড়িতে গিয়ে তার বড় ছেলে ষষ্ঠী চরন কে হুমকি দিয়ে এলো বলল তোদের বাড়ি ডাইনি পুষে রাখবি আর সে সারা গ্রামের ক্ষতি করে বেড়াবে... তোর মা হতে পারে আমরাও সব মেনি নোব নি তোর ডাইনি মাকে বেঁধি রাখতে পারিসনি - না বেধি রাখলে যে কোন দিন একটা অনিষ্ট হয়ে যাবে - আর আমার ছেলির যদি কিচ্ছু হয় মা বেটাকে আস্ত রাখব নি- এই বলি গেনু...কতাটা মনে থাকে যেনু!

নিতাই কে যে ডাইনি দৃষ্টি দিয়ে রেখেছে এ খবরটা জানতে বুঝি কেউ আর বাকি থাকল না সারা গ্রাম জুড়েই একটা হুলুস্থুল কাণ্ড করে গেল ...এমনিতেই আর একজনের মনে সন্দেহ ছিল যে তার প্রতি ডাইনি দৃষ্টি দিয়েছ সেই জন্য তার পায়ের ঘা গুলো এতদিন ও ভালো হলো না প্রকৃত পক্ষে তার ছিল কুষ্ঠ রোগ...

তিনি হলেন ষষ্ঠী চরণ এর প্রতিবেশী পাশের বাড়ির খুড়তুতো কাকা তিনি ভাবলেন এটা বোধহয় স্বাভাবিক ঘা ঠাকুরবাড়ি ওঝার কাছে গিয়ে মাদুলি - তাবিজ আর শেকড় - বাকড়বেটে খাচ্ছে... ফলে আর যত দিন যাচ্ছে পায়ের আঙ্গুলে ঘা ধক ধক করছে আগুনগুলো ক্রমশ খসে পড়ছে - আর তার ও পাড়ার লোকের মনে হয়েছে ডাইনির দৃষ্টি দেওয়ার ফলে ঘা গুলো ভালো হচ্ছে না বরং দিন দিন বেড়ে যাচ্ছে ...

মোটকথা পাড়ার যে কোনো অসুখ বিসুখ করলেই বা মারা

গেলিই সমস্ত দোষ ডাইনির উপরে এসে পড়ে ...লোকেরা দিনে-রাতে বাড়িতে এসে গালমন্দ করে - পাড়ার লোকের গালাগালিতে কানপাতা দায় - মোটকথা সারা গ্রাম জুড়েই ডাইনি ডাইনি করে হুলুস্থুলু পড়ে গেছে !

মায়ের নামে দিনরাত অভিযোগ শুনতে শুনতে ষষ্ঠীচরণ কান পচে গেছে তাই কি করা বাধ্য হয়ে মাকে বেঁধে রাখা ছাড়া আর কোন উপায় ছিলনা - তাকে বেঁধে রাখতে বটে কিন্তু তার দুঃখে বুক ফেটে যেত... সে যে নিরুপায় সমাজে তাকে তো বাস করতে হবে ? তার মাকে যদি বেঁধে দিলে সমাজের মঙ্গল হয় তবে তাই হোক ...

ষস্টি চরণ যখন মাকে শেকল দিয়ে বাঁধেকাঁদো কাঁদো হয়ে বলে ওরা তোকে কেউ পিশাচ বলে কেউ ডাইনি বলে তুই নাকি ওদের ছেলেদের দৃষ্টি দিয়ে রেখেছিস- আর তাদের অসুখ - বিসুখ করছে ওরা আমার কাছে রোজ নালিশ করে তোকে যেন বেধী রাখি তুই বিশ্বাস কর মা তোকে ইচ্ছে করে বাধিনী- এই কথা বলে চোখের জল ধরে রাখতে পারে না কেঁদে ফেলে আর বলে আমি বিশ্বাস করি তুই ডাইনি নস ডাইনি হতে পারিস নি- কিন্তু ওদের কথা শুনে না চললে না বিশ্বাস না করে আমার কোন উপায় নেই নেই রে মা - বিশ্বাস করলে ওরা যে আমাকে একঘরে করে বা গ্রেরাম ছাড়া করবে তখন কোথায় গিয়ে থাকব বল ? যেতা যাবো সেটাই কি থাকতে দেবে ?

তাই বাধ্য হয়ে বেঁধে রাখতে হ্যচ্ছে মা তুই কিছু মনে করিস না - ছেলের কথা শুনে মুখের দিকে তাকিয়ে থাকত আর চোখ থেকে ঝরে পড়তে আজশ্ব মুক্ত ... নিতাই - এর অসুখের কথা কারোর জানতে বাকি ছিল না- আমলা দেবী কারও কাছ থেকে বোধ হয় শুনে ছিল যে নিতাইয়ের ভারি অসুখ নিজের হারানো ছেলের অমলের বয়সি তাই একদিন রাত্তিরবেলা বাঁধন থেকে মুক্তি পেয়ে একবার নিতাই কে দেখার জন্য তাদের বাড়ি গিয়েছিল ...

নিতাই ঘরের দালানে ঘুমিয়েছিল সঙ্গে তার মা ও ছিল আমলা নিতাইকে দু'চোখ ভরে দেখছে এমন সময় নিতাইয়ের মায়ের ঘ ঘুম ভেঙে গেল পিছন ফিরে দেখল যে ডাইনি দাঁড়িয়ে আছে... নিতাইয়ের দিকে একভাবে চেয়ে ... এই দৃশ্য দেখে নিতাইয়ের মায়ের চক্ষুস্থির... কিছুক্ষণ নিঃশব্দ থেকে হাক-ডাক আরম্ভ করে দিলো ...

ওগো কি সর্বনাশ হল গো কি হবে গো কে কোথায় আছে এসো গো ইত্যাদি... ইত্যাদি...

নিতাইয়ের মায়ের চিৎকার শুনে কিছু একটি দুর্ঘটনা ঘটেছে মনে করে পাড়া-প্রতিবেশীরা একে একে এসে হাজির হলো তারা ভাবলো নিতাইয়ের বুঝি কিছু হয়েছে কারণ তার অবস্থা ভাল ছিল না !মায়ের হাক- ডাক শুনে ততক্ষণে নিতাইয়ের ঘুম ভেঙে গেছে সে ডাইনীকে দেখিই সংজ্ঞাহীন হয়ে পড়ল ! প্রতিবেশীরা এসে কেউ কেউ ভাবল ডাইনি রক্ত চুষে নিয়েছে সেই জন্য অমন আসার হয়ে পড়ে আছে - আবার কেউ ভাবল বোধহয় মরে গেছে ... নিতাইয়ের মা ও প্রতিবেশীরা অন্য প্রতিবেশীরা তখন কান্না জুড়ে দিয়েছে ! কিছুক্ষণ পরে নিতাইয়ের জ্ঞান ফিরলো বটে কিন্ত যেমনিভাবে পড়েছিল ঠিক তেমনিভাবেই পড়ে রইল - তার যে আয়ু ফুরিয়ে এসেছে কেউ তা বুঝতে পারল না !

সমস্ত ঘটনা দেখে অনেকেই কমলাদেবী দিকে ঝাঁটা জুতো নিয়ে তেড়ে গেল- ঝাঁটা জুতোর মারে ক্ষতবিক্ষত ক্ষত বিক্ষত করল অমলাদেবী কে ...ছেলের বয়সী একজন কে একটি রার চোখের দেখতে এসে সামাজিক পরিস্থিতি শিকার হলো একজন নিরীহ নিরীহ-নিরাপরাধ মহিলা হায়রে সমাজ!

তারপরে সকাল হতে না হতেই ছাড়া গ্রামজুড়ে এই সংবাদটা রটে যেতেই সকলের মনে একটা আতঙ্কের পরিবেশ সৃষ্টি হল !

কারও মনে আর কোনো সন্দেহ রইল না যে অমলা দেবী

ডাইনি পিশাচী রাত্রিবেলা নিতাইয়ের রক্ত চুষে খেতে গিয়েছিল ...

দুদিন পর এক দুপুরে নিতাই আকাশে পাড়ি দিলো তারপর সে মহাশূন্যে বিলীন হয়ে গেল ! সারা গ্রাম শুধু নয় আসে পাশের এলাকা জুড়ে হুলুস্থুল কাণ্ড বেঁধে গেল সকলে ডাইনির উপর ক্ষেপে উঠল ... অনেকেরই ধারণা হলো সেদিন জুতো - ঝাঁটা খেয়ে তার রাগ বেড়ে গিয়েছিল তাই দেরি না করে মন্ত্র তন্ত্র দিয়ে মেরে ফেলেছে ... এই অভিমত প্রায় সকলেরই - তাই একটি সভা ডেকে মিটিং করে এই সিদ্ধান্তে উপনীত হল যে ওই ডাইনি আমাদের সমাজে থাকলে অমঙ্গল তো হবেই ...তাছাড়া আজ কানায়ের ছেলে নিতাই কে মেরেছে কাল হয়তো আবার কাউকে মারবে - তাই আর দেরি নয় আজই মেরে ফেলা হোক ঐ বুড়ি ডাইনি টাকে! আর ওর বড় ছেলে যদি বাধা দেয় তাকেও শেষ করে দেওয়া হবে ...

বড় মোড়লের কথা সবাই সমর্থন করলো... এই আদেশ পেয়ে একজন ছুটলো ওঝার কাছে কারন ওঝা কাছে না থাকলে ডাইনির মন্ত্র তন্ত্র দিয়ে যদি রক্ত চুষে নেয় - কিন্তু ওঝা থাকলে ডাইনি কিছুই করতে পারবেনা !

আমলা দেবীকে জোর করে ধরে বেঁধে গ্রামের শেষ প্রান্তে একটি মাঠে আনা হলো যথা সময়ে ওঝা এলো ওঝা মশায় অনেকক্ষণ ধরে ক্রিং- ক্রিং ব্যাং- ব্যাং মন্ত্র পাঠ করে জনতার উদ্দেশ্যে বলল এই ডাইনি আর কিছুই অনিষ্ট করতে পারবে না ওর সমস্ত শক্তি এখন আমার হাতে তোমরা এখন ওকে নির্ভয় মারতে পারো !

ওঝার এই আদেশে ক্ষুব্ধ জনতা যার হাতের কাছে যা ছিল জুতো - ঝাঁটা লাঠিসোটা নিয়ে কমলা দেবের উপর ঝাপিয়ে পরলো ...তারপর ?

তারপর যা হবার তাই হলো কিছুক্ষণের মধ্যে সুখে দুঃখে কাতর

দুর্বল শরীর মাটিতে লুটিয়ে পরলো সব শেষ .....

এই খবর শুনে গ্রামবাসীরা সকলে আনন্দিত কারণ ডাইনি কে আজ কুকুরের মতো পিটিয়ে মারা হয়েছে তাদের আর ভয় নেই ...

এই সংবাদ শুনে শুধু একজনের বুক কেঁপে উঠেছিল কিন্তু কাঁদতে পারছিল না ... সবার যে আজ আনন্দের দিন ডাইনি মরেছে...কেবলমাত্র একজনের দু ফোটা চোখের জল পড়েছিল তার সমাধিতে সে তার বড় ছেলে ষষ্ঠী চরন ... মাকে সে চিনতো- গুমড়ে গুমড়ে কাঁদে মায়ের উদ্দেশ্যর বলে মা তুই মরে শান্তি পেলি মা ... তুই তো চলে গেলি অমলের কাছে কিন্তু আমি কি নিয়ে থাকবো ? কি করি বেচি থাকবো এই সমাজ কি আমাকে বাঁচতে দেবে ???

বিশেষ আত্মজীবনী মূলক রচনা :-

কেউ কথা রাখে না

গোপাল পাত্র

০২/১১/২০১৮

তখন ছেলেবেলা বয়স বারো ক্লাস সিক্স - বাবার স্নেহে মায়ের আদরে সুখে-দুখে অভাব-অভিযোগে দিনগুলো কাটছিল বেশ...

বাবা বলতেন তোকে অনেক বড় হতে হবে - আমি বাড়ির সামনের নারকেল গাছ গুলো কে দেখিয়ে বলতাম ওই গাছগুলোর মত বড় ?

বাবা হেসে বলতেন বোকা কোথাকার... তোকে অনেক বড় মানুষ হতে হবে ।

তখন তো বুঝিনি বড় মানুষ কত বড় হয়...

বাবা বলেছিলেন আমি তোকে ঠিক মানুষের মত মানুষ করে তুলবোই দেখে নিস...

হঠাৎই বাবা সরস্বতী পুজোর আগের দিন আমাকে কাঁদিয়ে আমাকে একা ফেলে চলে গেলেন পরলোকে ! মা - দুই দাদা বললো কাঁদিস না বাবা তো আর কারো চিরদিন থাকে না- আমরা তোআছি তোকে ঠিক আগলে রাখব ।

সে বছর মায়ের অঞ্জলি দেওয়া তো দূর অস্ত মায়ের মুখটা

পর্যন্ত দেখা হয়নি! ফাইনাল পরীক্ষা মাত্র একমাস বাকি- বুকে পাথর রেখে প্রাণপণে পড়াশোনা করে যথাসময়ে পরীক্ষা দিলাম - পরীক্ষার ফল বের হলো... মাত্র তিন নম্বরের জন্য ফাস্ট না হয়ে সেকেন্ড হয়ে গেছিলাম !

তাতে কত লোক কত উপদেশ দিলো- আফসোসও করে ছিল কেউ কেউ ...

কেউ বুঝল না যে আমার প্রাণ পাখি- খাঁচা থেকে উড়ে গেছে !

সেই শৈশবে প্রথম বুঝলাম কেউ কাউকে বোঝেনা - কেউ কথা রাখে না।

তারপর ...দিন যায় মাস আসে পৃথিবীর বয়স বাড়ে সঙ্গে আমারও...

খড়ের চাওয়া দু কামরার ঘর মা আর কোলে পিঠের তিন ভাই - চার জনের পেট চলে যায় কষ্টে সৃষ্টে .... পড়াশোনা চলতে থাকে সঙ্গে আঁকা আর নিয়ম করে কবিতা লেখা!

সবার জীবনে যেমন বসন্ত আসে তেমনি ভাবে আমার জীবনেও প্রেমের কলি গুলি এক এক করে পাপড়ি মেলতে থাকে...

আমার গ্রামেই পাশের পাড়ার একটি মেয়ের মুখ প্রতিমার মত মনে হয়...

তাকে দেখিই প্রথম কবিতা

শুধু তাকিয়ে থাকি দুজন দুজনকে দেখাদেখি- গভীর তোমার কালো আঁখি ...অগাধ চুলের রাশি - করে দেয় মোরে উদাসী !

স্কুল থেকে বাড়ি ফিরে বা অবসর সময়ে - তাকে শুধু একবার দেখার জন্য পাড়ার তেমাতা রাস্তায় এসে বসতাম ঘন্টার পর

ঘন্টা....

তাকে ঘিরেই ভাবনা আমার আর ওই ভাবনা গুলিই ফুল হয়ে ফুটতে কবিতার খাতায় - কত যে অলীক কল্পনা কিছুটা তার ধরা দিতো কতক আবার হারিয়ে যেত ভাব সাগরে ...

এমনি ভাবেই কাটছিল বেশ সবার যেমন কাটে !

হঠাৎ একদিন খুব সকাল বেলায় কারা যেন বলাবলি করতে লাগল অমুকের ছোট মেয়ে কি যেন নাম অনুপমা...কাল রাতে মেয়েটির নাকি ধরা বাঁধাবিয়ে হয়ছে...শুনছি ছেলেটার নাকি সোনার দোকান আছে!

সবেমাত্র বই নিয়ে বসেছিলাম নাম টা কানে আসতেই মাথায় আকাশ ভেঙ্গে পড়ল ... বুক ঠেলে কান্না বেরিয়ে আসতে চাইল কিন্তু কাঁদতে পারলাম না !

বর আসছে ওই বর আসছে ... রব শুনে ছুটে ঘর থেকে বেরিয়ে এলাম...

হ্যাঁ ঠিকই আমার প্রথম প্রেম' অনুপমা আমার কবিতা ...স্বমহিমায় নববধুর সাজে তার সোনার দোকানদার বরের হাত ধরে - ড্যাং ড্যাং করে চলে যাচ্ছে তার আপন কুলায় ।

আর একবার অনুভব করলাম কেউ কাউকে বোঝে না - বুঝতেও চাই না - কেউ কথা রাখে না !

তারপর ...

কয়েকটা শীত পেরিয়ে সত্যিই বসন্ত এলো জীবনে...

গোলাপ কে বললাম গোলাপ আমি তোমাকে ভালোবাসি - গোলাপ লজ্জায় রাঙা হয়ে মুখ লুকালো পাতার আড়ালে !

রজনীগন্ধা কে বললাম ঐ একই কথা সে বলল - ভেবে দেখা যাবে পরের ফাগুনে !

গন্ধরাজ কে বললাম তুমি কি আমার হবে ?সে নিরবে ফিরিয়ে নিল মুখ ...

বসন্ত পেরিয়ে গ্রীষ্ম -

কৃষ্ণচূড়া তুমি তাহলে আমায় ভালোবাসো ?কৃষ্ণচূড়া আসছি বলে একপা দুপা করে কাটিয়ে দিল গোটা গ্রীষ্ম !

মনে এখন শ্রাবন মাস ঘোর বর্ষা - চোখে টাপুর টুপুর বৃষ্টি ...বকুল তুমি নিশ্চয়ই আমার হবে ?

এই কথা শুনে বকুল তার নিজস্ব ভঙ্গিমাই ঝড়-বাদল- বিদ্যুত কে সঙ্গে নিয়ে দুঃখের বান ডাকিয়ে- আমাকে ভাসিয়ে দিল ...আমাকে উড়িয়ে দিল ...পুড়িয়ে দিল...

আবারো বুঝলাম কেউ কাউকে সত্যি বোঝেনা ...ভালোবাসো না - কেউ কথা রাখে না !

তারপর ?

তারপর আর কি - ভরাডুবি মানুষ সামান্য খরকুটোতেও তো আশ্রয় খোঁজে! সব - সব ছেড়ে এমন একজনকে বাচলাম জীবন সঙ্গিনী রূপে ...

শাড়ি তিনশো - আলতা - সিঁদুর পলার বালা দুশো - ফুলের মালা বাহ্মণ দক্ষিনা একশো ... বিয়ের খরচ খরচ মোটের উপর হাজার দেড়!

উঠে সূর্য ডুবে যায় চাঁদ... ছোট্ট সোনা আসে ঘর আলো করে প্রথম সন্তান । আদরে সোহাগে ফুলের মত বড় হতে থাকে সেই মেয়ে !

কাজের ফাঁকে সময় করে পড়াতে বসাই- পড়ার ফাঁকে আমিও আমার বাবার মতো বলি - তোকে বড় হতে হবে... আমি যেটা পাইনি তুই পাবি - আমি যেটা পারিনি দেখিস সেটা তুই ঠিক পারবি !

আমার যৌবন তো গেছে জীবনপণ করে দেবো শুধু তোর জন্য ...

যখন যা চায় দু এক দিন দেরি বা একটু কম দামের হলেও তার কথা রাখি...

এই তো মাস তিন হলো বাপি আমার এন্ড্রয়েড মোবাইল চাই... আমি বললাম এইতো সবে মাধ্যমিক দিলি আর দু'বছর যাক না... তোকে নিশ্চয়ই কিনে দেবো- সে যত দামি হোক কেন ?

মেয়ে বললো বন্ধুদের সব আছে কিনে দাও না বাপী - আমি সব কাজ সময় মত ঠিকঠাক করব... কথা দিলে কিন্তু ? মাথা নেড়ে সম্মতি দিল মেয়ে !

একমাস হাড়ভাঙ্গা খাটুনির সঙ্গে আশি ঘন্টা ওভারটাইম করে মাইনের দিনই কিনে দিয়েছিলাম রেডমি ফাইভ ...

তারপর... সকলেই অনুভব করছেন আমিই অনেক ভেবে ছিলাম জানেন তো ...তবুও ওকে উড়তে দিয়ে ছিলাম গোটা আকাশ জুড়ে- গোটা পৃথিবী জুড়ে...

রাতদিন ফোনে খুটখাট- হোয়াটসঅ্যাপ- ফেসবুক চ্যাট ...মা-বাবা আলাদা হয়ে অন্য জগতে বিচরণ করে মেয়ে !

ফোন নিয়েই বকাবকি কথা কাটাকাটি ছোটখাটো মান অভিমান চলতে থাকে প্রায় রোজই... ওর মা বলে তোমার জন্য এই সব অশান্তি...মনে হয় এই ফোনটাকে আছাড় মেরে ফেলে দিই- রাতদিন ফোন নিয়ে বসে থাকে, পড়াশোনা লাটে উঠেছে ইত্যাদি ইত্যাদি... সারাদিন হাড় ভাঙ্গা খাটুনির পর রোজ রোজ

একেই অশান্তি কার ভালো লাগে বলুন ?একদিন মাথায় আগুন জ্বলে ওঠে খুব করে দুটো ভালো মন্দ কথা শুনিয়ে দি মেয়েকে !

এক দিন যায় দু দিন যায় পেটের টানে বেরিয়ে পড়ি কাজে...

বিগত ৩০ অক্টোবর ২০১৮ কাজ থেকে ফিরেই মেয়ের খোঁজ-

ওর মা বলল টিউশনে গেছে রাত ন টা এলো না... দশটা রাত এগারটা মেয়ে ফিরলো না বাড়িতে!

বর্তমানে যা দিন কাল মন আতঙ্কে ভরে গেল...

কোথায় থাকতে পারে কার সঙ্গে যেতে পারে এক একটা ফোন নাম্বার জোগাড় করে ফোন করলাম টানা চার-পাঁচ ঘণ্টা !কারো সুইচ অফ- কেউ ব্যস্ত বা কেউ কভারেজ সীমার বাইরে...

রাত বারোটা উদ্বেগ-উৎকণ্ঠায় পাগল প্রায় আমি ...ওর মা ইতিমধ্যেই বিছানা নিয়েছে ছোট মেয়ে জ্বরের ঘোরে কুকুরে কুকুরে কেঁদে উঠছে- একেই কি বলে দুঃখের পৃথিবী ?

রাত ১২:৩০ যে ফোনটা ব্যস্ত ছিল যে নাম্বারটি কভারেজ সীমার বাইরে ছিল সেই নাম্বারটি সচল হলো ...

একবুক উদ্বিগ্ন- উৎকণ্ঠার মধ্যে ফোনটা ধরলাম

হ্যালো ...

অপরপ্রান্ত থেকে মেয়ের কন্ঠ: বাবা আমি আমার পছন্দের ছেলেকে বিয়ে করেছি- চিন্তা করোনা ...

অবাক পৃথিবী... অবাক করলে তুমি এই জীবনে শুধু অবিশ্বাসীই পেলাম...

জানিনা- সে এখন কোথায় কার সঙ্গে আছে ? সত্যিই কি ওরা

একে অপরকে ভালোবাসে ?কেউ কি কথা রাখে ?সত্যি কারের ভালোবাসা পৃথিবীতে কি বেঁচে আছে ?

আমি ...হ্যাঁ আমি সবাইকে বিশ্বাস করে সবার কথা রেখে একদিন চলে যাব এই দুনিয়া নিয়মেই...

কিন্তু গতানুগতিক প্রথায় চলতে থাকবে... কেউ কাউকে বুঝবেনা- কেউ কথাও রাখবেনা- কেউ কথা রাখে না !!!

আগুন

অমিতাভ মুখার্জী

২৩-০৮-১৯৯৩

আগুন জ্বলছে দাউ দাউ

ঝলসে ওঠে দেহ!

একি সেই আদিম যুগ, রক্তে চোবান ভোজ্য!

আগুন জ্বলছে দাউ দাউ

কুলোবধুর শরীর...বা

বাতাসে উড়ে পোড়া মাংসের গন্ধ!

ধোয়া ধোঁয়া...

মিলিত আর্তচিৎকার....!

বলহরির সঙ্গে কন্ঠ মিলিয়ে বাতাস আসে

উথলে ঝলসানো শবদেহে!

আগুন জ্বলছে দাউ দাউ

যুবতি দেহ পিয়াসে!

দাঁতের ফাঁকে কুচো মাংসটা কটকট করে।

নিরিবিলি একান্তে ভেসে ওঠে ইতিহাস।

কালো ধোঁয়ায় চাপা পড়ে যায় কিতাব।

আগুন জ্বলছে দাউ দাউ

পুড়ে যাই ঐ বধূর সঙ্গে আমি,

দেহ-মন পিয়াসা.....।

ঝলসে ওঠে কিতাব বধূর দেহের মতো-....

খোঁজে জল একটু অশ্রু কিম্বা হঠাৎ বরষণ!

পুজোর ছুটি

রিয়া মিত্র

চলেই এলো পুজোর ছুটি
তা ধিন তা ধিন নাচবো
পূজার সময়ে, নতুন জামায়
যেমন খুশি সাজব।
রেলে চড়ে কু - ঝিক্ ঝিক
মামার বাড়ি যাব ,
দুগ্গা মায়ের মুখটি দেখে
দই ফুচকা খাব !
মামাবাড়ি তিস্তা পাড়ে
জমিয়ে হবে খ্যাটন্
মাগুর- কাজলি- পোলাও হবে
সঙ্গে থাকবে মাটন !
অষ্টমীতে অঞ্জলি সেরে
ঘুরবো ভ্যানে চড়ে,

পড়া লেখার বালাই নেই
লাটে দেব তুলে।
সবাই মিলে ক'দিনের এই
মজা নেব লুটি,
নইলে যে রে ফুরিয়ে যাবে
কটা দিনের ছুটি !

মুকুটমণি পুর

সমীর নস্কর

২৭/০১/২৯৯৬

নামটি তার মুকুটমণিপুর,

প্রাকৃতিক সৌন্দর্যে সত্যিই বড় মধুর !

কংসাবতী তীরে এই ছোট্ট শান্তিনীড়ে

প্রকৃতি যেন তার অফুরন্ত রূপকে---

সহস্রগুণে বিকশিত করেছে।

কংসাবতীর কাকচক্ষুর মতো স্বচ্ছ জলে

শীতল উত্তরে বাতাস--

বিরামহীন ঢেউ তুলে যাচ্ছে,

আরছোট ছোট ঢেউগুলি--

তীরে লেগে ছলাৎ ছলাৎ করছে।

নদীবক্ষে ছোট ছোট রঙিন নৌকাগুলি

জল কেটে ধীর গতিতে এগিয়ে চলেছে,

আর, তাদের তেরঙা পতাকাগুলি--

পৎ পৎ করে উড়ছে ,

বাঁধের ওপর থেকে তাদের --

রঙিন প্রজাপতির ঝাঁক বলে মনে হচ্ছে।

নদীর এপারে একটা বিরাট পাহাড় আছে ,

তার তিনটি চূড়া যেন--

তিনটি মুকুটের মতো শোভা পাচ্ছে ,

তাই কি তার নাম মুকুটমণিপুর !

প্রেম বন্ধন

হেনা পারভীন

১৬/০৫/১৯৯৯

চাঁদনী রাতের রূপালী আলোয়

অচিন দেশে মন ভেসে যায়,

হৃদয়ে আঁকে স্বপ্নীল ভুবন,যে

শুধুই ভালবাসাহাজার রঙিন স্বপ্ন আশা,

প্রেমের বেড়াজালের বন্ধন,,,।

দূর আকাশের কোটি তারায়

খুঁজতে থাকে এ মন তোমায়,

হিয়ার মাঝে জাগে কম্পন,

স্মৃতির পথ খুঁজে এসে

আবেশে হারাই শেষে,

হরষে বাড়ে হৃদস্পন্দন,,,,,।

পরন্ত বিকেলের মিষ্টি আমেজে

পত্র পল্লবেরা নতুন সাজে,
সাজিয়ে তোলে এ মন,,,।,

ভালবাসার প্রদীপ শিখায়
মিষ্টি মধুর সোনালী আভায়
আলোকিত দুটি জীবন,,,,,।

বিক্ষুব্ধ সমুদ্র আজি
করে যেন কারসাজি,
হারানোর সুর বাজে অনুক্ষণ,
দক্ষিণা পবন ধায়কানে কানে বলে যায়,
মিছে কেন কর আস্ফালন,,,,,,।

পাষাণ এই পৃথিবী পরে
জীবন ক্ষয় প্রেমের তরে,
তবু দেখা পায় কি না পায়,
সত্যিকারের প্রেম বন্ধন,ক
যে করে না ক্রন্দন,
চিরদিন অম্লান হয়ে রয়,,,,।

রোল মডেল

স্বাগত ঘোষ

২৪/০৮/২০০১

স্বপ্ন শিশুর আড়ালে মুখ লুকিয়ে
কে যেন কাঁদে!
বিষের স্বাদ মিষ্টি
যৌবনের স্মৃতি ফুঁড়ে টাটকা রক্ত
মাখনের মতো নরম মনে ব্যথা-
প্রকৃতির বুক চিড়ে আলেয়া
বাঁধন খসে পড়ে শূন্যতায়,
জমাট রক্তে বিষ মিশে একাকার
গাছের ফাঁকে শকুনের বাসা খুঁজতে
যাওয়া বৃথা
তীব্র যন্ত্রণায় মর্মস্পর্শী আঘাত!
হাতের তালুতে লেখা আছে অভিশাপ-
আজ জীবন স্মৃতির প্রান্ত ঘেঁষে দাঁড়াই,

আশৈশবের কল্পনাগুলো ফ্যাকাসে
হয়ে ধরা পড়ে রিক্ত ক্যানভাসে।

সফল হলে গান লিখি
ব্যর্থ হলে কবিতা,
উথাল পাথাল হয় জীবনের স্পন্দন
তোমার গান ভেসে আসে অন্তপুর থেকে-
স্বপ্নে দেখা পাখিরা হারিয়ে গেছে
স্বপ্ন শিশুর আড়ালে মুখ লুকিয়েকে যেন কাঁদে!
তোমার এ কোন রূপতুমি শেষে নায়িকার রোল ছেড়ে
ইংরেজি ম্যাগাজিনের পাতায়
আমার দেখা রোল মডেল।
ঝুঁকি নিইনা
তোমাকে আর একবার দেখি
স্বপ্নে দেখা তোমাকে আজ দেখি আর ভাবি
এ কোন রোল মডেল!

তুমি

সন্দীপ কুমার ঘোষ

০৪/০৬/২০০৫

তুমি আমার মলিনতার ছোঁয়া।
তুমি আমার সিগারেটের ধোঁয়া।।
তুমি হ্রদে'র পাতাবিহারী পাতা।
তুমি যেন লজ্জাবতী লতা।।
তুমি ভোরের ফোটা গোলাপ।
তুমি সর্দি-কাশির জোলাপ।।
তুমি ভোরের বসন্ত-কোকিল।
তুমি আবার ধূর্তবাজ চিল।।
তুমি হলে সাদা ওড়নার বক।
তুমি আমার ইলেকট্রিকের শক্।।
তুমি একদম এভারগ্রীন।
তুমি আমার সুপার হিরোয়িন।।
তুমি হলে একালের মমতাজ।
তুমি ভাবছো শাজাহান (আমি) আজ।।

হোক কলরব

সর্ব দমন বোস

০৪/১২/২০১৫

আমার গরুর প্রসব হয়েছে,একটি বকনা বাছুর–

নসিব ভালো এমনটা হল, না হলে সর্বনাশ।

ভেবে দেখেছ কি!

মানুষ কেন বলে কন্যা নয় ,

ভুলে যাই আমার সংসার, তৈরি নারীর রক্তে ,

নারীর রক্তে স্নাত হয়ে আমার পৃথিবীতে পদার্পণ।

আমার বড় হয়ে ওঠার পশ্চাতেও নারী,

যাকে মা বলি , আমার মা থাকায় , পিতার শ্রম

আমাকে দিয়েছে জীবনের শিক্ষা ,চেতনা।

যদি আমার মায়ের জন্ম না হতো ,

হতো হত্যা যাহাকে সভ্য সমাজ কয় ভ্রুণ-হত্যা !

সুন্দর পৃথিবীর কোন মূল্যায়ন করতাম কি ?

যদি জানতে পারতাম আমার মায়ের জন্ম ও বাধার মধ্য দিয়ে,যদি জানতে পারতাম মাকে মেনে নেয়নি মাতৃকুল বা পিতৃকুল – ক্ষমা করতে পারতাম কি ?

বলতাম মানুষ না,ওরাই রাক্ষস, সভ্য সমাজ ,সভ্য সমাজ,

সভ্য সমাজ প্রচার করতে হয়,নেশা, অশিক্ষা নয়,

শৌচাগার চাই আরো সব কত, সর্বোপরি ভ্রুণ হত্যা কন্যাভ্রূণ ।

বলি ওরে অবুঝ, কন্যা যদি নয় ,চাই শুধু পুত্র , ভেবে দেখ,

ওই কথা বলতে সুযোগ দিয়েছে নারী।

যে তোমার সহধর্মিনী , সুখে-দুখে শয্যাসঙ্গিনী !

সেই জাতিকে অস্বীকার করতে চাও !

সপাটে চড় কসাচ্ছ,নিজের জন্মদাত্রী কে?

তাই না!

ভরা সংসার ,পুত্র আছে মোর,আর নয় –

যদি হয়ে যায় কন্যা সন্তান, নৈব নৈব চ ।

যদি ধরে নেই কন্যা নয় ,পুত্র হোক সবার –

বংশ রক্ষার দাবী যে করো ,করবে কোথায় ?

পুত্রের মালা বদল হবে কোথায়, কার সাথে ?

যে দিকে তাকাও সব আঁটকুড়ের দল–

রাস্তায় নেই নারী শক্তি, আছে (সারমেয়) কুত্তী।

–০–

মৃত্যুর হাতছানি

রবীন্দ্রনাথ হালদার

২০/০৭/২০১৫

মৃত্যু আমায় ডাকছে,আমি সেটা জানি।

আমি তো দেখতে পাচ্ছি তার স্পষ্ট হাতছানি।

জীবনটা ধুঁকতে-ধুঁকতে হয়ে গেছে অবসন্ন,

দেহটাই বেঁচে আছে শুধু মনটার অবস্থা কিন্তু অন্য।

আমার মনটা কিন্তু আগেই গেছে মরে,

দেহটাই আছে শুধু পৃথিবীর বুকে পরে।

শোকে দুঃখে শরীরটা অবসন্ন হয়ে গেছে মোর,

তার চেয়েও বেশি হয়ে গেছে দেহটার কমজোর।

শরীর বা মনে নেই আগের মতো সেই বল,

শত শোকে,শত দুঃখেও চোখ ফেটে আসে না

একফোঁটাও জল।

অভাব অনটন দুজনে মিলে জীবন নিয়ে করে টানাটানি,

দিনের পর দিন পরেনি আমার পেটে কোনো দানাপানি।

শত দূর্দশা দেখেও কেউ বাড়ায়নি কিন্তু আমার দিকে সাহায্যের
কোনো হাত!

কেউ কোনোদিন দেয়নি মোরে একমুঠো সাদাভাত।একমুঠো সাদাভাতের তরে,একদিন হয়তো আমি যাবোই মরে,পথের পরে।

তখন হয়তো আমার দেহখানি,শিয়াল কুকুরে করবে টানাটানি।

ফুটপাতের লোকগুলোর হবে জানাজানি,

তারাও হয়তো একটু এগিয়ে এসে,স

সৎকার করবে না লাশটাকে একটু ভালোবাসে।

অনাহারে ক্লীষ্ট কোটরগত চোখদুটোর সামনে

ভেসে ওঠে সেই ছবি,

বুঝি গেছি আমি ওটাই হবে আমার একমাত্র ভবি।

জীবনে এত কষ্ট দুঃখের পর আমি আর চাইনা আমার দেহটাকে শিয়াল কুকুরে নিয়ে করুক টানাটানি!

তাই হয় মৃত্যু আমাকে ডাকুক,

না হয় আমিই মৃত্যুকে ডাকি দিয়ে তারে হাতছানি।

আমি চাই আমার মৃত্যু হোক,

তাতে যদি শান্তি পায় তো পাক ধরনীর কিছুলোক।

যে সব ভুলের ক্ষমা নেই

দেবস্মিতা ঘোষ

১০/০৩/২০১৭

বারবার ভুল করে গেছি,সহজেই কিছু মানুষকে

বিশ্বাস করার মতো ভুল;যা

যাদের সাহায্য করেছি প্রতিনিয়ত।

জানি, তারা প্রয়োজনে কাছে আসে

আর তা ফুরোলে, দূরে সরে যায়

তবুও বড় অবুঝ আমি

কিছুদিন কেটে গেল

নিজের মনের সরলতায়...

আবার ফিরে যাই তাদের কাছে

ভুল করেছি জেনেও ।।

ভুল বার্তায়

রুমা চক্রবর্তী

০১/০৮/১৯১৭

কতদিন পর,কতদিন পর তোমার গলাটা শুনলেম

হয়ত চাপে পরে নয়ত ইচ্ছে করেই কল দিয়েছো!

এপাশ থেকে যখন হ্যালো, হ্যালো বলছিলেম,নম্বরটা খুব চেনা, মনে হচ্ছিল আমার হার্টবিটটা এবার থেমে যাবে।

তুমি কাউকে ডাকছিলে, কথা বলছিলে।

প্রথমে গলাটা উচ্ছল ছিল, তারপর থেমে গেছি।

খুব ভাবছিলেম, খুব মনোযোগ দিয়ে শুনছিলেম চিরচেনা কন্ঠটা।

যেন অনন্তকাল ধরে এ কন্ঠ শুনতে চেয়েছিলাম

অনেক আশায় বসে বসেছিলাম ।

চোখের কোনটা ভিজে উঠল ,

গলায় ব্যথা হচ্ছিল

এমন সময় ফোনটা কেটে গেল ।

আমি যেন অপেক্ষাই রইলেম আবা একটা ভুল

হোকচাপে পরে কল আসুক।

নাই বা বলা হল,"কেমন আছো?"

কত আবেগ,উচ্ছ্বাস,আনন্দ চেপে রেখে শুনব তোমার পাহার সমান অভিযোগ।

তবুও আবার ভুল হোক, আমার কোন দিকেই মন নেই, কোন কথাই যেন গা'য়ে লাগবে না।

শুধু শুনব চিরচেনা,চিরযৌবনা কন্ঠস্বর।

যা আর কারো কন্ঠে বিমোহিত হয়নি মন।

আমি উদাস হয়ে গেলেম ভুল বার্তায়।

হৃৎপিণ্ড

ফটিক ঘোষ

১৫/৪/২০১৮

মোদের এই কলেবরে,

হৃদপিণ্ড ক্রিয়া করে,

অবিরাম শান্ত বেগে।

সদাই হেরি কর্মরত ,

বিশ্রামহীন অবিরত --

ক্লান্তি নাহি লাগে।

সৃষ্টির ঐ প্রভাতে

কর্মে গেছে মেতে

প্রতিজ্ঞা পূর্ণ মনে।

যত দিন রবে দেহে

সজীব হবে রক্ত প্রবাহে

নাচিবে গানে গানে।

দেহে করে প্রবাহমান

প্রয়োজনীয় উপাদান
খাদ্য, হরমোন, বায়ু।
সজীব দেহের কোশ
সব পৌঁছায় এসে
নাচে পেশী ও স্নায়ু।
শ্রমে বিমুখ হয় না
শয়ন কভু যায় না
মোদেরি হৃৎপিণ্ড।
কর্মে আনন্দ পায়,
লাব-ডাব গান গায়,
মধুর তাল ও ছন্দ।
জীবনের প্রারম্ভ হতে
আধারময় কালো রাতে
সেই রহে জাগরিত।
আমাদের শয়ন কালে
সর্বাঙ্গ স্তব্ধ হলে
সেই চলে অবিরত।
সহসা একদিন যবে
চিরতরে শান্ত হবে

ভুলিয়া সকল কর্ম।

সতেজ সবুজ ধরা

কলেবর হবে যে মরা

বিরাজিত হবে জড়ের ধর্ম।

ধুলায় মিলিবে দেহ

ভাঙ্গে জীবাণু কেহ

মিটায় মৃত্তিকা তলে।

দেহ তরীর বেয়ে দাড়

নাহি করে পারাপার

ফেলে যায় অতল জলে।

অপেক্ষা

রতন বসাক

২৯.০৬.২০১৮

সে এসে ছিল হয়তো বলে ছিল
নিয়ে মুখে সুন্দর হাসি
আজও তোমায় ভালবাসি।

চঞ্চল – সুন্দর – গভীর নয়না
হয়তো করেছে না কোনো ছলনা।
তাই বুকে নিয়ে অনেক আশা
কল্পনার রাজ্যে বেঁধে ছিলাম বাসা।

ভীরু নিস্ব দুর্বল বুকে
ভাল বেসেছিলাম যাকে।
বলতে পারিনি তাকে
আজও সে মনের এক কোনে থাকে।

কি যেন কি একটা হলহ
হঠাৎ স্বপ্নটা ভেঙ্গে গেল।
চোখ খুলে খুজি যাকে
কোথাও পাই নাকো তাকে।

ভাল বেসেছিলাম যাকে
পাওয়া হল না তাকে।
আশায় থাকবো ততদিন
সে বুঝবে না যতদিন।

সে কি বুঝবে আমাকে
প্রেম দিয়ে ছিলাম যাকে।
হয়তো পাবো না এজীবনে
অপেক্ষায় থাকবো পরজনমে।

চোখ বুঝতেই যাকে পাওয়া যায়
আর মিলতেই তাকে যে হারায়।
কি যে হল আমার মনে

তাকে পাবো আমি কোনখানে ?

জীবনে পাওয়াটাই কি সব

থাকবো আমি যে নিরব ।

এ জনমে পাবো অনেক কষ্ট

হোক না জীবনটা নষ্ট ।

এবার একটু খুলে বলি

নামটি ছিল তার কাকুলী ।

তাকেই সোঁপে ছিলাম জীবনের সব

জানি না থাকবে আর কতকাল নিরব ।

সন্ধ্যায় পাখি যেমন ফেরে নীরেতু

তুমি থাকবে আমার মনের গভীরে ।

বরফ গলে জল পাহাড় হতে নদীতে

তোমাকে ফিরতেই হবে আমাতে ।

লগ্নভ্রষ্টা

চৈতালি দাস মজুমদার

০৮/০৮/২০১৮

বেনীমাধবের গল্প কবিতা শুনেছি অনেক ভাবে

আমার বেনীমাধবের কথা বলা কি একটু যাবে ?

বয়স যখন চৌদ্দ আমার বিয়ের কথা হলো

আমায় করতেই হবে বাবার হুকুম হলো।।

বিয়ে মানে গয়নাগাটি বেনারশী কনের সাজে সাজাশাঁখা পলা মাথায় সিঁদুর , মন্ডপে সানাই বাজা।।

আড়ি পেতে শুনেছিলাম হবু বরের নাম--

বিরাট বড় ব ্যবসা নাকি অনেক সুনাম।।

নয়ন মাঝে ভেসে ওঠে অজানা এক ছবিমনের ঘরে সে নাম খানি সেও নাকি এক কবি।।

আকাশে উঠছে শঙ্খচিল বেনীমাধব অন্তর্লীনে

বিচলিত আমি স্বপ্ন গাঁথায় গভীর মনের কোণে।।

আকাশের বুকে মেঘের চিঠিতে পাঠিয়ে দিলাম নাম

আলো আঁধারের যাত্রা পথে জানাই তোমায় প্রনাম।।

আগামী মাসের শুক্লা তিথিতে আসবে শুভ লগনসাজ সাজ রব ভিতরে বাহিরে প্রতিদ্বন্দ্বী মন।।

বেণীমাধব আমার জীবন সাথী হবে যে বিয়ের পরেবরন করে নিয়ে যাবে বেনীমাধবের ঘরে।।

সন্ধ্যা হলো লগন এর আমি কনের সাজে

বেণীমাধবের স্বপ্ন আমার নবজীবনের মাঝে।।

সময় এলো বেনীমাধবের বরের সাজে আসারমাথায় টোপর ফুলের সাজে আমায় ভালোবাসার।।

বিয়ের সাজে বসে ছিলাম ছাদনাতলার মাঝে

পেরিয়ে গেল লগ্ন দেখি বেনীমাধব এলো না যে।।

সবাই তখন ফিসফিসিয়ে কি সব কথা কয়

ঠিক সময়ে বর না এলে নাকি লগ্নভ্রষ্টা হয়।

চাইনা কিছুই এসে আমার আমি যে স্বপ্নে বিভোর

আজ থেকে আমি লগ্নভ্রষ্টা জানিনা তার খবর।।

লগ্নভ্রষ্টা বলুক আমায় দুঃখ নেই যে তাতে
আমি আছি মনের মাঝে বেনীমাধবের সাথে।।
আকাশ জুড়ে বেনীমাধব, স্বপ্ন হাজার চোখে
বেনীমাধব কে ভালোবাসি আমার স্বপ্না লোকে।।

বেনীমাধব শুনতে কি তুমি পাও
বলছি আমার লগ্নভ্রষ্টা সেটাই কি তুমি ?
বাস্তবে যদি নাইবা আসো এসো স্বপ্নদেশেহা
হাতটি ধরো শক্ত করে আমায় ভালোবেসে।।

সংস্কার ও কুসংস্কার

সৌমেন চক্রবর্তী

১২/৯/ ২০১৯

কুসংস্কারের ব্যাপক আধিক্যের কারণে সংস্কার আজ আঁধারে নিমজ্জমান,

সাধারণ মানুষ বিচারের ব্যার্থতায় বিপরীত শব্দকে দেয় সমার্থক মান।

ছোটোবেলায় পরীক্ষার দিন সকালে শখ করে একটি ডিম নিয়েছিলাম পাতে,

কোথা থেকে ঠাকুমা ছুটে এসে বললে, 'তুই কি গোল্লা পেতে চাস হাতে। '

বাড়ি থেকে বেড়তে গিয়ে যেই খেলাম দরজার চৌকাঠেতে ধাক্কা,

মা বললে, খোকা একটু দাড়া, একটু বস, নইলে বিফল হবি পাক্কা।

শনিবার বিকেলে বেড়িয়ে ছিলাম আঁকার স্কুলে, করতে কিছু আঁকার কাজ,

মা বলে উঠলো, আজ যেওনা, আজ বাড়ি বসে আঁক ব্যাকটেরিওফাজ।

বেচারা কালো বিড়ালটি পথ কাটলো, অমঙ্গল নাকি নিয়ে এল,

ড্রাইভার কাকু দাঁড়িয়ে গেল, কন্ডাক্টর টিকিট কাটার সময় পেল।

প্রশ্নপত্র হাতে নিয়ে, আগে কপালে ঠিকিয়ে তারপর পড়ি,

পরীক্ষা শেষে উত্তরপত্র মাথায় নিয়ে, স্যার কে বলি সরি।কুসংস্কারের অন্তরালে সমস্ত সংস্কার আজ লুকিয়ে হাসে,

মানুষের বিচার বুদ্ধি আজ অন্ধবিশ্বাসের মোহজালের ফাঁসে। প্রজন্মের পর প্রজন্ম কুসংস্কারকে সংস্কার বলে মানে,

শিক্ষিত মানুষরাও বিঞ্জানের বুকে কঠিন আঘাত হানে।

আজ সময় এসেছে সচেতন হবার, প্রয়োজনে খরগ ধরো হাতে,

লড়তে হবে বিজ্ঞানের দ্বারা কুসংস্কার আর অন্ধবিশ্বাসের সাথে।।

প্রেমের সাগর

শুভব্রত ব্যানার্জি

০৪/০৫/২০২০

প্রেমের সাগরে ভেসেছি আমি,কতকাল ব্যাপি,মনের কথা প্রকাশ করতে হয়েছি ব্যর্থ,বলতে পারিনি - 'আমি তোমায় ভালবাসি।'

দেখেছি তোমাকে স্বপনে জাগরণে,দেখেছি তোমাকে মনের গভীরে,অনুভব করেছি তোমাকে পাশে,সঙ্গী হয়েছি আমরা কত দিন কত ভাবে।

বসেছি দুজনে নদীর কিনারে,হাত ধরি মোরা চলেছি পথে,রূপের নেশায় হয়েছি সুরাসক্ত,আমার কল্পনার আলয় নিভৃতে।

এসেছে তুমি আমার বাসস্থানের আঙিনায়,একন্তে মোরা থেকেছি দুজ্নে,কেটেছে কত সময় - ঘড়িকে তখন করেছি তুচ্ছ,হেসেছি মোরা খুশির জোয়ারে।

ভেসেছি মোরা উজানে আনন্দে,থেকেছি চেয়ে মোরা একে অপরে,ব্যর্থ হয়েছি বলতে শুধু,ভালবাসি আমি তোমাকে।

বৃষ্টির দিনে হেঁটেছি মোরা একই ছাতার তলে,গলা মিলিয়ে গান গেয়েছি কবি গুরুর সুরে।

নির্জ্নে মোরা এসেছি যখন আলিঙ্গন করেছি মোরা তখন,কেটেছে কত সময় মোদের ভেসেছি প্রেমের তরীতে।

স্বপ্ন যখন ভেঙেছে আমার তিমির আমার চারিধারে,একা আমি একা ঘরেতুমি শুধু তুমি- আছো আমার অনুভবে।

লকডাউন

কৃষ্ণা হাজরা দাস

১৯/০৫/২০২০

।

কে নিবি গো আমায় কিনে '
সব্জী দিচ্ছে হাঁক মা
ডিমে পাল্লা দিচ্ছে
নেই তো কিছু বাদ।
কর্তা- গিন্নী,দাদা - বৌদি,
মা - মাসিমার দল ছি
যেন এই অপেক্ষায়
নামবে এবার ঢল!
মুখে মাস্ক, হাতে গ্লাভস
করছে যেন চুরি --
ও!!! এসব সর্তকতা
ভুলেই গেছি থুড়ি।
এটা ওটা সবই চাই

যেন নাহয় ভুল,

জবরদস্ত রান্না হবে,কমতিতে

ক্ষমা নেই একচুল।

আমি থাকি উচ্চতলে

নামতে বারোমাস

সব যে তখন শেষ হয়ে যায়

আমার সর্বনাশ!

আলু ভাতে শুনতে ভালো

নয় যে প্রতিদিন,

চারিপাশে ' সুবাস ' ভাসে

মনের আশা ক্ষীণ!'

ঘ্রাণেণ অর্ধ ভোজনং '

কে বলেছেন ভাই--

তাই তো ওই ' সুবাস ' মেখে

রোজ দুপুরে খাই!

তা'প্পরে এক জম্পেশ ঘুম

স্বপ্নে আসে সব --

বিরিয়ানি কালিয়া,ফ্রাই

লুচি, আলুর দম।

ঘুম যে যায় ভেঙে

খাবার সব হারিয়ে যায়,

চুরমার সব স্বপ্নগুলো

লকডাউনকেই মানতে হয়।।

নিন্দা দাস

মুহা. কবির হোসেন

০৪-৮-২০২০

সাদা সিধে মনটারে তুই
দিয়ে এমন ধোকা ,
বিশ্বাস গুলো ছিনিয়ে নিলি
করলি রে একরোখা।

যার লাগি এ অন্তরখানা
বালা খানা গড়া,
তার দাগি সে সন্তপর্ণা
ষোল আনা ধরা।

না জানি মোন কেন এমন
তার আশ্বাসে হাসি,
অমানবীয় কবলে দমন

যার নিশ্বাসে ভাসি।

দিবানিশি পাশাপাশি
বুনে জিন্দা বাস,
বিশ্বাস ঘাতক অবিশ্বাসী
ঘুণে নিন্দা দাস।

মিছরিরছুরি হয়ে নিবাস
অন্তঃকরণ ঘরে,
চিরতরে এই হৃদয় বিনাশ
মন্ত্রে হরণ করে ।

ঋতুরানী

মহুয়া হাজরা

২১/০৬/২০২০

মেঘের পরে মেঘ জমেছে ঐ নীল আকাশের বুকেবৃষ্টি নামে দিনে আঁধার কালো চারিদিকে।

গুরু গুরু বজ্র নাদে ভূধর ওঠে কেঁপেধান দেবো তোকে মেপে আয় বৃষ্টি ঝেঁপে।

ওরে! মেঘের ভেলায় চড়ে আসে ঋতু রানীঝমঝমিয়ে মধুর স্বরে বাজায় বীণা খানি।

ওরে!! নবীন জেগে ওঠ আজ নব নব দিকেছড়িয়ে পড় শস্য-শ্যামল সবুজ ধরণীর বুকে।

দ্যোদুল দোল দোল দুলি বেণুবনে ভুলি লাজমনের আঙিনায় লেগেছে যে মাতন আজ।

আবার আষাঢ় স্বপ্ন দেখায় বাঁচার নতুন করেঊসর ভূমি নতুন করে প্রাণ পেয়েছে ফিরে।

ও বর্ষা ঝরঝরিয়ে পড়েছ তুমি ঝরেলাগে নেশা পরান মাঝে মন থাকে না ঘরে।

আজি এই ঝরো ঝরো মুখর বাদর দিনেঊন্মনা এই মন কাহারে নিতে চায় চিনে?

চেনা শোনার বাইরে কোন্ সুদুরে মন হারায়রেমনের আগল খুলেছি আজ তার দেখা পাবোইরে।।

ছন্দ

স্নেহা মুখার্জী

১৮/৮/২০২০

ছন্দে চলে জীবনের সবকটি শ্বাস

ছন্দ বিনে জীবনের নাইরে সুবাস।

ছন্দ মেনে ওঠে সূর্য তারারা টিমটিমায়

পৃপৃথিব টাও ঘুরছে ছন্দে শূন্যে মহাসীমায়।

ছন্দে বহে নদীর গতি ছন্দে ওড়ে প্রজাপতি

ছন্দ তালে বাতাস করে নৃত্য--

বিহগ ডানায় ছন্দ ভরে

মিষ্টি মধুর স্নিগ্ধ স্বরে

শোনায় সবারে ছন্দের ইতিবৃত্ত।

পাহাড়ের ওই ঝর্ণাধারা

আলোয় ছন্দে মাতোয়ারা

ছন্দে ময়ূর পেখম নাচায়--

ছন্দে বাজে কানুর বাঁশি

ধরণীমায়ের মিষ্টি হাসি

রূপে ছন্দে জগৎ মাতায়।

স্বপ্নময়ী জীবন

কাকলী আক্তার

০৩/০৩/২০২১

জীবনের কতটুকুই বা রয়েছে বাকি
যতটুকু শেষ করে দিয়েছি,
সবটুকুই তো মায়ায় ভরা
বেদনাময় জীবনের সবটুকুই দেয় ফাঁকি।।

পৃথিবীর এই গোলচত্বরে আপনি আমি
কতটুকুই বা করেছি জয়,
সব কিছুর মাঝে যেন রয়েছে বোকামি।।

ফিরিয়ে আনতে চাই আমার আমি
সেই সত্তাকে যা হারিয়েছি বহুতলে
,ভাবনার বিকাশ করে আনবো ফিরিয়ে
আমার আমি সেই সত্তা কে।।

অনামিকা

মুসাফির গৌতম

চলো,,,বিবর্ণ পৃথিবীর মাঝেআবারও বাঁধি ঘর কোন এক নির্জন পান্থশালায়।

রাতের আকাশে তারাদের সাথেখেলব লুকোচুরি খেলা,,,জুঁই বিথীকার তলে।

একেবারে নিরালায় নির্ভেজাল স্পর্শেতোমাতে-আমাতে।

বর্ষার বৃষ্টিতে ভিজবে তোমার কোমর জড়ানো চুল,,,আরআমার বুক জড়ানো জামাটা।

শিরশিরে বৈকালিক বাদলা হাওয়ায় তোমার সুডোল বুকের নস্যি গেঞ্জিতেঘ্রাণ নিতে নিতে হারিয়ে যাব,,,আমার কিশোর বেলায়।তুমি কি আসবে প্রিয়,,,আমার অসম সন্ধিরউতল্ খেলায় ?

তোমার চোখের পাতায় আমি যে দেখেছি আমার বাসর ঘর,,,তুমি বউ আমি বরআমরা যে এক আত্মার-আত্মীয় পরস্পর।

দুখের বাঁকে ঘর বেঁধেছি

রজনীকান্ত মাখাল

হয়তো এবার আমার মৃত্যুকে

এসে ছুঁয়ে যাবে গোধূলির রামধনু রঙ । ক্ষনভঙ্গুর জীবনের চাওয়া পাওয়া অনেক কিছুই

,একটু বেশি সময় বেঁচে থাকা গেলে;জীবনের অনেক ইচ্ছে পূরণ হতে পারে।

রাত জাগা নিশাচর প্রাণীরাযেমন করে---চাঁদের স্নিগ্ধ আলোয় লুকোচুরি খেলা খেলতে ভালোবাসে!আমিও তেমনি করে তোমার সাথে লুকোচুরি খেলে যেতাম।

ভাবনার অপকটে দাঁড়িয়ে---মাঝে মাঝে কোথা হতে যেন মিলনের সুর ভেসে আসে---,তবে কী ওই সুর বিসর্জনের বিষাদ!নাকি জীবন মৃত্যুর প্রতিধ্বনি!

হিসেবের খাতায় অনেক গরমিল,আমাকে অঙ্ক মেলাতে সময় দাও---।এখনো অনেক ভাবনার আছে---আমি একটু আশ্বস্থ হতে চাই।

এদিকে আবার এক পশলা বৃষ্টি এসে আমাকে ছুঁয়ে গেল---আহা! কী অপূর্ব রোমাঞ্চকর---।

মন গহীনে রিমঝিম শব্দের রুনুঝুনু ঝংকার,পুরানো স্মৃতির অকারণ অনুরণন;এই তো আমি হারিয়ে যাচ্ছি---বাস্তবের মাটিতে দাঁড়িয়েকল্পরাজ্যের গল্পদেশে---

তোমার দেওয়া সেই নির্লিপ্ত বেনামী ভালোবাসার সোনালী খামের চিরকুট!আমি স্পর্শ করতেই,হৃদয় গহীনে মোচড় দিয়ে গেল;আমার দু'চোখ যেন করুণাশ্রুতে ভরপুর।আমি নিশ্চুপ হোয়ে দাঁড়িয়ে রয়েছি,সেই নদীর কিনারে---আর ওই সুদূর থেকে ভেসে আসছে পরাণ মাঝির কণ্ঠে,ভাটিয়ালি সুরের সুমধুর তান-----

দুখের কিনারে ঘর বেঁধেছিমায়ার বাহু ডোরে,সুজন প্রিয়া ক্যামনে জানিনাচলে গেছে পর কোরে,

দাঁড় টেনে হায় তরী আমারজলে ভেসে চলে,পালতোলা মোর বৈঠা খানামনের কথা বলে।

কাব্য ধারা

সঙ্গীতা মজুমদার

এই ভাবে লিখতে লিখতেকবিতা ছন্দে ভাসতে ভাসতে

একদিন হঠাৎ ফুরিয়ে যাবো,তবু যতদিন বাঁচি কাব্য রসে
নিজেকে ভরিয়ে নেবো।

অরন্যের অজানা ফুলের গন্ধে সাঁঝে- সকালে ছুটে যাবো,ছন্দবন্ধে মাঠে ঘাটে ফেরার কালে- নীড়ে, পথ হারাবো।

গোধূলি বেলায় পাখিরা ফিরছে কুলায়, দেখবো বসে কলম হাতেকবিতা তোমায় খুঁজে ফিরি ফুলের বনে, পাখির ঝাঁকে
জোৎস্না রাতে,সাগর পারে ঢেউয়ে ঢেউয়ে পলাশ শাখে।জানি একদিন দেখা হয়ে যাবে তোমার সাথে পথের বাঁকে,হয়তো কোনো ঝড়ের রাতে কিংবা কোনো আঁধার রাতে দুর্বিপাকে।সে এসে দাঁড়ালে একসাথে মোরা গাহিয়া উঠিব গান,মিলনের স্রোতে ভাসিয়া দোঁহারে , গাঁথিব প্রেম মালা খান..................!!!

"" অপূর্ব সহানুভূতি""

গোপাল পাত্র

০৫/০৭/১৯৯৩

"" অপূর্ব সহানুভূতি ""নিপীড়িত শোষিত ও বঞ্চিত মানুষের গল্প...

চাষী -ভাগচাষী - দিনমজুর -কুলি- কামার জেলে-তাঁতী - মুচি - মেথর - কলকারখানার দিন মজুর যারা কিনা আমাদের সমাজের চালক শক্তির মূল অধিকারী - যারের ছাড়া আমাদের গতানুগতিক জীবন প্রায় অকল্পনীয় ...কিন্তু তাদের জীবন কেমন ...কেমন করে কাটে তাদের দিনরাত্রি ?অর্থাৎ তাদের যাপিত জীবনের গল্প...

দিনরাত্রি হাড়ভাঙা খাটুনির বিনিময় আমাদের জীবনের সব রকমের রসদ যোগায় আর তার বিনিময়ে তথাকথিত সমাজের উচু মহলের লোক তাদের কি চোখে দেখে ?

মানুষ বলেই মানুষ বলে গণ্য করে নানানান ভাবে তাদের ঠকায়...

যারা সোনার ফসল ফলায় তাদের পেটেই এক বেলা ভাত জোটেনা - পরনে জোটেনা এক চিলতে কাপড় !অথবা চিকিৎসায় একফোঁটাও ওষুধে ...থাকে না শীতে কিংবা বর্ষায় মাথা গোঁজার ঠাঁই... এ কেমন সমাজ ?

প্রথম অধ্যায়

হরিহর ও কাশীনাথ দুই ভাই তারা ফতেপুর গ্রামের শেষ প্রান্তে স্ত্রী-পুত্র-কন্যা এবং বৃদ্ধ মাকে নিয়ে বাস করে ! বাস্তু জমি না থাকার দরুন গ্রামের শেষপ্রান্তে পথের পাশে খানিকটা জায়গা ফাঁকা করে সেখানে বাঁশ খুঁটি দিয়ে কোনরকমে মাথা গোঁজার মতো একটা কিনারা করেছে ...

সংসারের সমস্ত ভার এখন হরিহরের উপরে .. স্ত্রী - তিন বছরের ছেলে এবং এক বছরের মেয়ে আছে ! কাশীনাথ বিয়ে থা করেনি এখনো ! বাবা বছর চার হল গত হয়েছেন- তাই বিধবা মায়ের দেখা শোনা এখন তাদের উপর !

ঘরটি খুব নিচু - দুটি কামরা আছে তাতে ....গত দু'বছর প্রচন্ড বর্ষার জন্য ঘরের খড়ের চাল পচে গিয়ে কালো হয়ে গেছে - এ বছর যে কিভাবে বর্ষাকাল টা কাটাবে তাই নিয়ে হরিহর ভেবে পায়না কিন্তু খড় গুলো পাল্টানোর কোন উপায়ও খুঁজে পাওয়া যাচ্ছে না !

গত বছর বোরো ধানের চাষ এর যে খড়পেয়েছিল তার জ্বালানির অভাবে পুড়ানো হয়ে গেছে ..এ বছর আমন ধান চাষ করা হয়নি পয়সার অভাবে ! এখন যে কোথাও থেকে খড় কিনে ঘরে চাপাবে তার জন্য একশো দেড়শো টাকা তো লাগবেই.. তা পাবে কোথায় ? কারো কাছ থেকে ধার পাওয়া যায় কিনা তার চেষ্টার ত্রূটি রাখেনি হরিহর কিন্তু তাদের খড় ধার দেবে কে ? তারা যে ক্ষেতমজুর... যদি ধার শোধ দিতে না পারে ? তবুও কারও কাছে হাত পাততে বাকি

রাখলো না ...অবশেষে ... হরিহর হাজির হলো তিন কড়ী ঘোষালের দরগড়ায় .. তিনি সম্পর্কে জ্যাঠা মশাই ... অনেক অনুনয় বিনয় করে আসল কথাটা পাড়ল হরিহর ... বলছিলাম কি জ্যাঠামশাই আমাকে কাহন দুই তিন খড় ধার দেবে ? ঘরের চালটা একে বারেই পচি গেছে সামনে বর্ষা তাই বলছিনু...

পরের বছরে ধান উঠলেই সুধী দবো ! এ বছর তো চাষ করিনি তাই বলছিনু যদি দয়া করে দাও কাহন দু -তিন খড় তাহলে ভাল হতুন.... মুখের কথা শেষ না হতে হতেই ঘোষাল মশায় বললেন..যা টাকা নিয়ে আয় কাহন দুই- তিন কেন গোটা খড়ের গাদায় তোকে দিতে পারি... কিন্তু ধারের বেলায়আমি নিন ... বাপু ...

আর ধার দিলেই বা শুধবী কিকরে তোরা তো যা খড় পাস পুড়াতেইশেষ হয়ী যায় ...তাহলে আমাকে কিনে দিবি ? পয়সা কোথায় পাবি ?যা যা ফালতু সময় নষ্ট করিস নি !

জমিটা কি আবার বেচবি নাকি ? ছিল তো মটে তিন বিঘি জমি খাবার জন্য জন্য দুবিঘি বেঁচি দিলি ...বাকি এক বিঘি আবার খাবি ? এখন চাল পচে গেছে তো আমি কি করবো ? সাতসকালে জ্বালাতন করতে এলি - আমার এখন অনেক কাজ বাকি এখনো আহ্নিক টাও সারানি ...হরিবোল হরিবোল...

বলি কোথায় গেলে গো বড় বউ ?বলে ঠাকুর ঘরের দিকে প্রবেশ করতে যাচ্ছিলেন ....বড় বউ বলতে ঘোষাল বাবুর স্ত্রী মনিমালা দেবী তিনি এসে হাজির ... তুমি কি বলছ না কি গো ? বলি ও তো হাঁকডাক করছো কেনু গাঁ...... এমন রাগ করছ কেনু ?

আর হাক ডাক করতেছি কি সাধে বলি এত বেলা হল আমার আনন্নীকের জোগাড়-যন্ত্র হল? তাই শুনে এই হল বলে.. এক্ষুনি আসতেছি ... অন্যত্র চলে গেল ....

এমন সময় আবার সদর দরজায় টোকা পড়লো.....ঘোষাল মশাই বিরক্ত হয়ে মনে মনে বললেন যা চুলো ওই সাত সকালে আবার কে এলো জ্বালাতন করতে ?

এইতো একজন পাজি নচ্ছাড় হাড় হাভাতে বকিয়ে মাথা টনটনে করে দিলে .....দেখি আবার কোন ব্যাটা কিছু চাইতে এসেছে নাকি কিছু বন্ধক দিতে এসেছে? এই মনে করে কাচুমাচু করে দরজাটা খুললেন তিন কড়ি ঘোষাল ...

দরজা খুলে দেখলেন- এক বিধবা দাঁড়িয়ে আছে তার কাপড় ছেঁড়া ময়লা -মুখটি শুকন বিবর্ণ.. চোখের কোণে কালি পড়েছে - উদভ্রান্তের মতো দৃষ্টি - চুলগুলো উস্কো খুস্কো- অনেককাল মাথায় তেল পড়েনি হয়ত ! সে যাক যাক তার এত লেনাদেনা কিসের ? বিরক্তির স্বরে জিজ্ঞাসা করলেন কি চায় ? সাতসকালে শুকনো মুখ দেখাতে এয়েছো কি জন্যি ... আমি কি করতে পারি.? যত সব ....

বিধবা এই সমস্ত অপ্রিয় প্রশ্নবাণে জর্জরিত হবার পর হাতের সোনার দুগাছা বালা দেখিয়ে বললেন

আপনি বালা দুখানি রেখে কিছু টাকা আমাকে দেন ... আমার একমাত্র ছেলির খুব অসুখ টাকা না হলে বোধহয় আর বাচবে নে !এই কথা বলার পর বিধবা চোখে জল এসে গেল ঘোষাল মশাই ভাবলেন বিপদে পড়ে আমার কাছে এসেছে যখন যে কোন দাম দিলেই তো বালা দুখানি হাত ছাড়া হবে নে ...এই মনে করে বিধবা কে উদ্দেশ্য করে বললেন ... কই দাও বালা দুগাছা ... হাতে নিয়ে ঘোষালমশাই ওজন পরখ করতে লাগলেন হ্যাঁ ভরি দুয়েক তো হবেই - পুরানো খাঁটি সোনা !

তবুও কাচুমাচু হয়ে বললেন এর দাম আর কত হবে ? দেখতেছি তামার উপর সোনার পাত ...তবু দেখি কত দেওয়া যায় ....বলে বাড়ির ভেতরে প্রবেশ করলেন... কিছুক্ষণ পর

বাড়ির ভেতর থেকে অনুরূপ একটি বালা নিয়ে ঘোষালমশাই এসে বললেন - খুব সামান্যই সোনা আছে এতে বড়জোর পাঁচশো টাকা দিতে পারি ! নেহাত তোমার ছেলির বড় অসুখ তাই... আমার আবার দয়ার শরীর তাই পুরো পাঁচশো টাকা দবো ... হয়তো দাও না হলে তোমার জিনিস তুমি নিয়ে চলি যাও - আমাকে বিরক্ত করো নি ....আমার অনেক কাজ পড়ি আছে ... হরি হে দিনো বন্ধু...

বিধবা মনে মনে ভেবেছিলেন বালা দুগাছা বিক্রি করে অন্তত হাজার খানেক টাকা পাওয়া যাবে ..বিপদের সময় কাজে আসবে কিন্তু উনি যখন বলছেন তামার উপরে সোনার পাত বসানো ...হবে হয়তো - ফেরত নিয়ে যেত বালা দুখানা কিন্তু তার যে টাকার খুব প্রয়োজন ... ডাক্তার না দেখালে ছেলেটাই তো মারা যাবে- আর বিনা পয়সায় চিকিৎসা হয় না - আর ডাক্তার বাবুই বা আসবেন কেন গরীবের ঘরে -মোটর সাইকেলে চড়ে.... তার কাছে ছেলের চেয়ে বালার দাম বেশি নয় -এরূপ পাঁচ সাত চিন্তা করে পাঁচশো টাকাতেই বালা দুটি বিক্রি করতে রাজি হলেন !

কিছুক্ষণ পর ঘোষালমশাই বিধবাকে টাকা দিয়েএকটি সাদা কাগজ দেখিয়ে বিধবাকে বললেন এইখানে টিপ দাও দেখিনি - বিধবা তাই করলেনতোমার নামটা যেন কি ?অমলা বালা- বললেন বিধবা ... টাকাটা হাতে পেয়েই বিধবা বাড়ির উদ্দেশ্যে রওনা দিলেন ... বাড়ির পথে ফিরতে ফিরতে বিধবার মনে পড়ে গেল আজ থেকে ৬৫-৭০ বছর আগে তার বিয়ের সময় বাবা তাকে যৌতুক হিসাবে ... জমি জিরেত বাধা দিয়ে বালা দু খানি দিয়েছিল ...কিন্তু আজ অভাবের তাড়নায় পড়ে বিক্রি করতে হলো- আজ থেকে এক বছর হল তার ছেলে যক্ষা রোগে ভুগছে - আর ডাক্তার দেখানোর জন্য বাড়িতে যা পেতল -কাসা ছিল সবই শেষ হয়েছে... তাই অন্য কোন উপায় না দেখে বাপের বাড়ির একমাত্র স্মৃতি বালা জোড়া বিক্রি করে দিলেন ... তাতে তার কোন দুঃখ রইল না - ছেলেটা যদি বাঁচে...

এত দিন বালা জোড়া ছোট্ট বাক্সে তোলা ছিল সে ছাড়া আর কেউ জানত না... এই নানান কথা মনে করতে করতে বাড়ির সামনে এসে পড়লেন - ছেলের সেই বিকট কাশির শব্দ তার কানে ভেসে এলো - এবং বাড়িতে ঢুকে দেখলো মুখ দিয়ে রক্ত গড়িয়ে বালিশ ভিজে যাচ্ছে ...

তার পাশে তার পুত্রবধু মাথায় হাত দিয়ে পাগলির মতো বসে- ছোট ছেলেটা তার মায়ের কাছে বারবার বলছে- মা কি খাব ? কিন্তু মায়ের কোন সাড়াশব্দ নেই.... বাড়িতে বোধহয় কিছু খাবার ছিল না- তাই ছেলেকে কি বলবে হয়তো ভেবে উঠতে পারছিলেন না !

বড় ছেলে বোধহয় ডাক্তার বাবুর কাছে গিয়েছিল সে বাড়ি এসে কেঁদে ফেলল তার ঠাকুমা অমলা দেবী জিজ্ঞাসা করলেন কিরে ডাক্তার আসবে বললো ? না ....ডাক্তার বলল বাকি টাকা না দিলে যাব নি.. .

আমি গেলেই কি তোর বাপ ভালো হয়ী যাবে ? আমি কি ভগবান যে তোর বাপকে ভালো করে তুলবো ?ওষুধ কেনার পয়সা আছে -যে বাপকে খাওয়াবি ? আর তোর বাপ বেঁচে যাবে ? আমি ঔষধ দিতে পারব নি যা ...

তোদের আগেই ৭০ টাকা বাকি আছে আগে নিয়ে আয় তবে যাব! এই কথাগুলো কাঁদতে কাঁদতে বলল নরেন- তার বয়স কত হবে ৯-১০... লেখাপড়া জুটেনি এতোটুকু তার কপালে !

ডাক্তারের মুখে এই মঙ্গলের কথা শুনেছে বাড়ি এসে কেঁদে ফেলেছিল ! ৯-১০ বছরের ছেলে হলে কি হবে সংসারের কথা সে বুঝত.. .তাই বাবার বাড়া - বাড়ি দেখে ভোরের বেলায় মাইল পাঁচেক পায়ে হেঁটেই ডাক্তার বাবুর কাছে ছুটে গিয়েছিল .. কিন্তু তাকে খালি হাতে ফিরে আসতে হলো -কারণ বাকি টাকা না দিলে তার বাবাকে দেখতে আসবেন না কেননা তিনি একজন বড় ডাক্তার !

এই কথা শোনামাত্র অমলা দেবীর চোখে আগুন জ্বলে উঠলো সঙ্গে সঙ্গে বললে - এই নে একশ টাকা ... ডাক্তার কে বলবি আমার বাবার খুব বাড়াবাড়ি যেতেই হবে একবার ...

নরেন ঠাকুরমার কাছ থেকে টাকাটা নিয়ে ডাক্তারের উদ্দেশ্যে ছুটল আবাও...প্রায় বারোটা নাগাদ ডাক্তারের কাছে পৌঁছাল ! ডাক্তার বাবু নরেনকে দেখে বলল কিরে আবার এসেছিস ?

বললাম তো আমি যেতে পারবো না ... এবারে টাকা নিয়ে এসেছিস তো নাকি খালি হাতে এসেছি ... টাকা না পেলে আমি কিন্তু যাব না এই বলে দিলুম...

নরেন হাঁপাতে হাঁপাতে বলল এই নিন আপনার টাকা ...আমার বাবার খুব বাড়াবাড়ি আপনাকে একবার যেতেই হবে ...টাকাটা হাতে পেয়ে পরখ করে বললেন ঠিক আছে আমি যাচ্ছি তুই যা ....

দ্বিতীয় অধ্যায়

ডাক্তার বাবু তো আসছেন আগাম টাকা হাতে পেয়ে কর্তব্য পালন করতে মৃতপ্রায় নরেনের বাবাকে চিকিৎসা করার জন্য ... সেই ফাঁকে ঘোষালমশাই সম্পেকে দুটো কথা বলে নি ...

সেই টিপ সই দেওয়া কাগজটার কি হলো ? কেনই বা বিধবরার কাছ থেকে টিপ সই নিয়েছিলেন ? ঘোষালমশাই চলে কি করে? তিনি কি কাজ কম্ম বা করেন ইত্যাদি...

টিপ সই দেওয়া কাগজ খানি ঘোষালমশাই নিয়ে গিয়ে ফেললেন মন্মথ বাবুর কাছে - তিনি ঘোষালমশাই পাপ পুণ্যের হিসাবপত্র রাখেন .. পরিভাষায় যাকে বলে নায়েবমশাই !কাজটি মন্মথ বাবুকে দিয়ে করাই ভালো একজন সাক্ষীও মিলবে.. এই মনে করে তিনি বললেন -আমি যা বলব তাই লিখি সিন্দুকে রেখে দিয়ো ... বলতে আরম্ভ করলেন ...

আমি আমার ছেলের অসুখের জন্যি ১৩৯৫ সালের ৫ই আষাঢ় ... ঘোষাল মহাশয়ের কাছ থেকে নগদ ৫০০০ /.(পাঁচ হাজার টাকা) টাকার বিনিময়ে আমার দুগাছা সোনার বালা বিক্রি করলাম ! ইতি শ্রীমতি মনি মালা বালা দেবী

(টিপ সই -এর উপরে লিখলে)

সাক্ষী :- মন্মথ রায় তারিখ ০৫-০৩- ১৩৯৫

তিনকড়ি ঘোষালের এটাই ছিল লোক ঠকানোর কারবার ... এই কারবার করেই লোকের কাছে সহানুভূতি আদায় করতেন !

কারণ তার যে বড় দয়ার শরীর ...

কিন্তু তিনি ছিলেন নিরক্ষর তাই বাধ্য হয়েই মন্মথ বাবুকে রাখতে হয়েছিল -হিসাব পত্র রাখার জন্য- উইল লেখার জন্য !অভাবের তাড়নায় পড়ে না খেতে পেয়ে গাঁয়ের চাষারা - গরিব মানুষ জনেরা ঘোষালম মশাই -এর কাছে হাঁড়ি -কলসি, পিতল -কাঁসা জিনিস বন্ধক দিতে আসত তার বিনিময়ে কিছু টাকা পেতেন অভাবের সময় ....কিন্তু বাঁধাপড়া জিনিসগুলি তাদের ঘরে আর ফিরে যেত না !কারন অনেকদিন বাঁধাপড়া জিনিসগুলি থাকার জন্য জিনিসের মূল্যের থেকে সুদের হার বেশি হয়ে যেত তাই জিনিসগুলো ছাড়াতে পারতো না !

আর যদি কেউ খালি হাতে টাকা ধার নিতে আসত তাকে দিতেন চড়া সুদে ... চক্রবৃদ্ধি হারেএবং যা না ধার দিতেন তার চেয়ে ঢের বেশি লিখে রাখতেন ...

একটা উদাহরণ দিলে বুঝবেন কারবার কিরকম যদি কেউ ৫ টাকা ধার নিতেন তাহলে লিখে রাখতেন অমূক নাম. অমুক বারে অমুক ঠিকানায় অমুক লোককে সাক্ষী রেখে আমার কাছ থেকে ৫০ টাকা ধার হিসাবে নিলেন ইত্যাদি ইত্যাদি...

আর সেই লোকটি যখন টাকা শোধ দিতে আসতো তখন অবিশ্বাস করার জো থাকতো না তখনই খাতাটা খুলে দেখাতো যে সে কত টাকা ধার নিয়েছিলো ...আজ পয্যন্ত সুদ-আসলের মোট কত টাকা হয়েছে ! খাতা খুলে দেখালে তখন অবিশ্বাস করার জো থাকতো না!

তারপর ও যদি অবিশ্বাস হতো তাহলে তাকে মেনে নিতেই হত মুখের উপরে কিছু বলার উপায় ছিল না পরবর্তীকালে তিনি টাকা ধার যদি না দেন এই ভেবে ....

যদি কেউ অবিশ্বাস করতো তাহলে তিন কড়ি

ঘোষাল ...হরির মালা ছুঁয়ে জহির করতো যে সে কত মহান - এবং মালা ছুঁয়েই শাপ - শাপান্ত করে বলতো তোদের মোটেই ভালো হবে নে... দেখেনিস - ঈশ্বর তোদের শাস্তি দেবে দেবেই- বিপদে লোকের উপকার করে আমাকেই আজকে এই সব শুনতে হচ্ছে ? হাঃ ঈশ্বর দয়া ময়...

এইসব নানান অজুহাতে যে কত মানুষকে পথে বসিয়েছে তার কোনো সঠিক তথ্য বা হিসাব নেয় ... এদেরই তো অ

পর নাম রক্তচোষক.. জলজ্যান্ত পুঁজিবাদ ... ভোগ

বাদ ....

তৃতীয় অধ্যায়

এ দিকে নরেনের বাবার অবস্থা সঙ্গীন থেকে সঙ্গীনতর হয়ে উঠল ! বেলা তিনটে বাজলো এখনো ডাক্তার বাবুর দেখা নেই ..তবে কি খাওয়া-দাওয়া সেরে বিশ্রাম করেই আসবেন ?

হ্যাঁ ঠিক তাই ..বেলা সাড়ে তিনটে নাগাদ ডাক্তার পৌঁছালেন..উঠোনে দাঁড়িয়ে ইতস্তত করতে লাগলেন ভেতরে ঢুকবে কি ঢুকবেন না এই ভাবতে লাগলেন ? ঘরে ঢুকতে মন সাই দিচ্ছিলোনা না তারপরে পাড়া-প্রতিবেশীর মুখে যা শুনছেন ঢুকেও কোন লাভ হবেনা ... কারণ নরেনের বাবার হৃদয় তরী কুলে এসে ঠেকেছে - ইচ্ছে না থাকলেও যে তাকে ওপারে যেতেই হবে ... !তবুও একবার দেখা যাক - রোগীর বুকে টেথিস্কোপ একবার ঠেকিয়ে একটা ইঞ্জেকশন দিয়ে বিমর্ষ মুখে বললেন আর আশা নেই - আর বাঁচানো যাবে না... বলে ডাক্তার অমূল্য ভূষণ বিদায় নিলেন !

সেই বিধবা ঘরের কোণে মাথা হেঁট করে দাঁড়িয়ে... বৌমা সেই মাথায় হাত দিয়ে তেমনিভাবেই বসে আছে- যেন পাথর হয়ে গেছে কোন কথা শুনতে পাচ্ছে না !

আর তার কাছে এসে যে যা পারে বলে যাচ্ছে কটু ভাষায় ... রাক্ষসী - ডাইনি এত অল্প বয়সে স্বামীকে খেলে এসব ... কানে কিছুই ঢুকছে না -

শুধু অর্ধমৃত চোখ দিয়ে চোখের জল গড়িয়ে পড়ে কাপড় ভিজে যাচ্ছে... সেই ছোট্ট ছেলেটা খাবার জন্য মায়ের কাছে কাঁদছে....

নরেন কাকা জ্যাঠা দের মাট থেকে ডাকতে ছুটলো...

শেষবারের মতো নরেনের বাবাকে দেখার জন্য কিছু লোক যাচ্ছে- আসছে! কোন রকম বিকেল গড়িয়ে সন্ধ্যা প্রদীপ নিভে যাবার সাথে সাথেই নরেনের বাবার প্রাণ পাখি আকাশে উড়ে গেলে.. .

রক্তে মাংসে গড়া হাড় কখানা শুধু পড়ে রইল ....সারা বাড়ি জুড়ে শোকের ছায়া নেমে এলো-

মা কাকিমা জেঠিমা স্থানীয় মহিলারা উচ্চ স্বরে কাঁদতে আরম্ভ করলো ... কেউ কেউ আবার নববিধবাকে ডাইনি- পিশাচী- রাক্ষসী বলে গালমন্দ দিতে শুরু করলো ! কারণ নরেনের বাবার বয়স চল্লিশ -একচল্লিশ হবে এই বয়সে মারা গেল -

তাই সব দোষ চাপলো সদ্য বিধবার গায়েই ...

কেউ তো বুঝবে না সে ছিল একজন ক্ষেতমজুর... জলে ভিজে রোদে পুড়ে দিনরাত হাড়ভাঙ্গা খাটুনি খেটে যখন বাড়ি ফিরতো তখন খেতে পেত আলুসিদ্ধ ভাত -আর কদাচিৎ শাক- সবজি...কাজ না থাকলে তাও জুটত না উপোস করে দিন কাটতো - মাছ মাংস তার কপালে কোন দিন জোটেনি !

একা দিন মজুরি খেটে পাঁচ পাঁচটা পেট চালিয়ে জোটানাও সম্ভব ছিল না ...

সে যাক এখন তাকে আর উপোস করে থাকতে হবে না - এখন সে সোনার পালঙ্কে বসে বড় বড় রাজভোগ খাবে ... সে যাই হোক ত সুখে থাকুন তার আত্মা.. সুখে থাকুক রাজার হলে জীবন কাটান কিন্তু.....

কিন্তু তার দশ এগারো বছরের ছেলে নরেন কি করবে ?তার বিধবা মা -বৃদ্ধ ঠাকুরমা -তার ছোটভাই রমেশকে নিয়ে -সে কি

পারবে তাদের খেটে খাওয়াতে ? বাবা সৎ কাজেই বা করবে কিভাবে ?

সে কি তিন করি ঘোষালের মত লোকের কাছ থেকে চড়া সুদে টাকা ধার নেবে ? আর শোধ দিতে না দিতে পেরে শেষ সম্বল বাস্তু টুকুই বিক্রি করে পথ এসে দাঁড়াবে ?

আর এর বিকল্প ই বা আছে কি ?

চতুর্থ অধ্যায়

যথারীতি বর্ষা রানী এসে উপস্থিত তার ঘন কালো কেশ ছড়িয়েছে সারা আকাশ জুড়ে ...

টাপুর টুপুর সারা দুপুর নূপুর বাজায় কে যেন এক কাজলা মেয়ে ...

আজি ঝরো ঝরো মুখর বাদল দিনে ..বাদল দিনের প্রথম কদম ফুল করেছ দান...

এমনই কতশত গান মনে উঁকি মারছে প্রেমিক-প্রেমিকার হৃদয়ে.. বিরহী যক্ষ পারাবত কে পাঠাচ্ছে চিঠি লিখে - তার প্রেয়সীর কাছে...

কত না কপোত-কপোতি তাদের বাসায় মধুচন্দ্রিমা যাপন করছে ...মিলন সুখে আত্মহারা ...

ধোনির গৃহে খিচুড়ি -ইলিশ মাছ বাজার গন্ধে বাতাস মো মো করছে ...

কদমের ডালে কুড়ি এসেছে কতনা জুঁই বকুল ফুটেছে চোখ মেলে ...

পুবালি বাতাসে শরীরে জেগে উঠেছে হিল্লোল ...

এদিকে হরিহরের ঘরের খড়ের চাল পচে যাবার দরুন ঘর দোর জলে ভেসে যাচ্ছে ... কোনদিন হয়তো তা স্ত্রী-পুত্র ভাই

বৃদ্ধ মাকে নিয়ে সারারাত জেগে কাটাতে হয় !রাস্তার ধারে ঘর হওয়ার জন্য সাপ ব্যাং পোকামাকড় এর অভাব হয়না - এদের সঙ্গে তাদের বাস করতে হয় কারণ তারা তো মানুষ নয়....

কেবল মানুষের মতো দেখতে একটি জীব মাত্র - মানুষের পরিচয় দেওয়া তাদের কি আছে? তারা যে পথবাসী -দরিদ্র দিন মজুর ....সমাজের কাছে তারা যে অশুচি অস্পৃস্প এবং ছোটলোক !

হরিহর মনে মনে ভাবে হয়তো আজ তাদের পথে বসতে হতো না যদি বাবা অকালে পরলোকগমন না করত ...

গত তিন বছর হলো বাবা পরলোকগমন করেছেন তাদের উপর সংসারের সমস্ত ভার দিয়ে - কিন্তু বাবার সৎকার কি করে করবেন ঘরে যে একটাও কানাকড়ি নেই -ঘরে যা ছিল তা বেচে কিনে অন্ত্যেষ্টিক্রিয়া সম্পন্ন করেছে ..এখন শ্রাদ্ধশান্তির খরচ পাবে কোথা থেকে কার কাছ থেকে ধার করবে ? কেই বা তাদের ধার দেবে ?

অনেক কেই টাকা ধার চেয়েছিল কিন্তু কোনো সুফল মেলেনি - কেউ কেউ কে বলেছিল বাপের সৎকার করবি টাকা ধার নিয়ে ছিঃ তাহলে কি তোর বাপ মরেও শান্তি পাবে ?

এদিকে গায়ের মোড়ল দের হুকুম সমাজে বিধিমতো কাজ না করলে তাদের একঘরে করা হবে ! সমাজ থেকে বাদ দিয়ে গ্রাম থেকে তাড়িয়ে দেওয়া হবে .. তখন সমাজের নিয়ম হল শ্রাদ্ধের পরেরদিন পাড়ার সকল লোককে নেমন্তন্ন করে খাওয়াতে হবে ... ব্রাহ্মণ ভোজন করাতে হবে.. না হলে সমাজের অমঙ্গল হবে ! আর সদ্য বিধবার মাছ -মাংস - ডিম সম্পূর্ণ চিরকালের জন্য বারণ খেলে নাকি নরক স্থান হবে না !

বুদ্ধি ভরসা দেওয়ার মতো তেমন কোনো শুভাকাঙ্ক্ষী ছিলনা আর থাকলেও লাভ হতো বলে মনে হয় না ! কারণ সৎ কাজ

করতে গেলে মোড়লদের হুকুম মেনে নিতেই হবে -তাই একদিন পানের ডাক দিয়ে - মোড়ল এবং পাড়া-প্রতিবেশী কে নিয়ে সভা করলো হরিহর ...

বাবার শ্রাদ্ধ শান্তি কিভাবে হবে - কিভাবে এই বিপদ থেকে উদ্ধার হবে এই সম্বন্ধে আলাপ-আলোচনা করার জন্য ...কিছু কথাবার্তার পর সবার মধ্য থেকে একজন বললেন - কি হরিকাজ তো সমাজের বিধি মতোই সব কিছু করতে হবে নাকি ?

যে আজ্ঞে ...

হরিহরের ... কথা কেড়ে নিয়ে আর একজন বলে উঠল আজ্ঞে হুজুর শুনবুনি - হবে না মানে করতেই হবে ..না হলে সমাজে বাস করে কেন? আর আমরা এয়েছি কিসের জন্যি ? আমাদের ঘাটে উঠতে- ভুজ্জি দিতে হবে নে ? অনেকেই তার কথা সমর্থন করে বলল হ্যাঁ হ্যাঁ হ্যাঁ করতেই হবে !

এইরকম নানান কথা-বার্তার পর একজন মোড়ল বলল টাকা-পয়সার কিছু জোগাড় করেছিস ? আর তো মোটে এক সপ্তাহ বাকি ... নাকি খালি হাতেই ...

মোড়লের কথার খেই ধরিই হরিহরের ছোট কাকা বললেন তুই কি বস্তু ভিতে বেচে দিবি নাকি ? হরিহর হতাশার সঙ্গে বলল -তা না হলে আর কোন উপায় তো দেখতিছি নে - কাকা বোধকরি বাস্তবে তাই মনে মনে চাইছিলেন - তাই হরিহরের কথাটি কেড়ে নিয়েই বললেন হ্যাঁ বাবা তাই কর ...

যেন কাজের কোন ত্রুটি বিচ্যুতি না থাকে- তাহলে যে তোর বাপ মরেও শান্তি পাবে না রে .. দুঃখের সাথে আবার বলে চললেন পিতামাতার ঋণ শোধ করতে পারে ? তার মাঝে একজন বলল আর তুই না হয় ভিটে বেঁচে বাপের কাজ করবি তাতে কি আর এমন হলো ?

এইসব কথাবার্তা চলাকালীন একজন মোড়ল হরি হরের উদ্দেশ্যে বলল তা বিক্রি করবি খদ্দের পত্র কিছু দেখেছিস ?এই কথা শুনে হরিহর বলল - কই তেমন কোনও .... তখন সেই কাকাবাবু বললেন- না হয় আমি নেব -এই কথাটিই বলার জন্য অপেক্ষা ছিলেন বোধ হয় ...

এরপর তিনি কিছুটা সংকোচ বোধ করে বলেন কিন্তু দামটা কত দিতে হবে ? আকাশ ছোঁয়া বললে আমি তো পারব নি ... তাই বলছিনু এখন যখন সবাই আছে যদি দাম টা ঠিক করে দেন .. তাহলে নেওয়া যেতে পারে ! সকলে কি বলো তোমরা ?

সকলেই তার কথা সমর্থন করলো হরিহর ভাবল অপরজনকে ভিটে বিক্রি করার চেয়ে কাকাকেই দেওয়াই ভালো !

ঘর সমেত বস্তুটা ছিল কাটা তিনেক সকলে মিলে দাম -দর ঠিক করলেন ১৫০০ টাকা.. তারপর বড় মোড়ল সকলকে উদ্দেশ্যে বললে কী ভাইয়েরা দাম খারাপ বলেছি ?

সকলে সমস্বরে বলল না না ভালোই দাম দিচ্ছে - তিন কাঠা জায়গার দাম কত হবে ? তাছাড়া এই অসময়ে বিপদে এত টাকা কে দেবে ?

কাকাবাবু বললেন ঠিক আছে শ্রাদ্ধের তিন দিন আগে টাকা মিটিয়ে দেব ... কিছুটা আমত আমত করে আবার বললেন উইলটা সকলের সামনে হলেই ভালো হতো ...

কি আর করা যাবে সকলের সামনে কাগজ পত্তর বার করে কাঁচা উইল করা হল ... হরিহর ও তার ভায়ের টিপ সই অন্য কয়েক জন মোড়লেকে সাক্ষী হিসাবে রাখা হল ...

উইলের কাগজটা হাতে নিয়ে মনে মনে খুশি হয়ে কাকাবাবু বললেন- অবশ্যই সঙ্গে সঙ্গে বাড়ি ছেড়ে দিতে হবেনা - দু - তিন

মাস থাকতে পারবে ...মাথা গজার মত একটা ঠাঁয় করতে হবে তো ?

সকলে মিলে যা সিদ্ধান্ত করে দিল তাতেই রাজি হতে হলো ... মানতে হল -না মানলে এক ঘরে হতে হবে... কারো জমিতে কাজ করতে দেবে না আর পরের জমিতে কাজ না করলে তাদের চলবে কি ভাবে ? তারা যে ক্ষেত মজুর ...

পঞ্চম অধ্যায়

আমন ধানের চাল চলছে পুরোদমে ...হরিহরের সম্বল মাত্র এক বিঘা জমি... সেটা তাড়াতাড়ি চাষের কাজ মিটিয়ে ... অপরের জমিতে কাজ করতে হবে না হলে তো একটি পয়সাও ঘরে আসবে না ...

কারণ তারা যে ক্ষেতমজুর -অপরের জমিতে কাজ করে সোনার ফসল ফলিয়েই তাদের উপার্জন করতে হবে ! তাই তারা নিজেদের জমিটা কোন মতে চাষ-আবাদ করেই... ক্ষেত মজুরিতে বেরিয়েছে দুইভায়ে...তা না হলে সংসার চলবে কি করে ?

পেট চলে কি করে ? উপোস করে তো বেশি দিন বাঁচা যায় না ! অবশ্য উপোস তাদের অভ্যাস যে নেই তা নয় .. এমন মাঝেমধ্যেই হয়ে থাকে আবার কখনও কখনও বা একবেলা কখনো কখনো বা আধপেটা খেয়েই দিন কেটে যায় ! অবশ্য হরিহরের বৃদ্ধ মা এবং ছেলের খাবার যেমন করে হোক জোগাড় হয়ে যায়! ক্ষেত মজুরের কাজ আবার সব সময় পাওয়া যায় না ...প্রায় তিন মাসের মত চুপচাপ হাত গুটিয়ে বসে থাকতে হয় আবার প্রাকৃতিক দুর্যোগের জন্য অনেক সময় কাজে বিঘ্ন ঘটে !

তাই কাজের মরশুমে তারা দুই ভায়ে কোনদিন ডেরা কোনদিন বা ডাবল খাটে ....কারণ কিছু টাকা জমিয়ে না রাখলে ঘরে বসে খাবে কি ?

এভাবে পনেরো-কুড়ি দিন কেটে গেল আমন ধানের চাষ প্রায়

শেষ- এরপর টুকিটাকি কাজ পাওয়া যাবে... তারপর কিভাবে যে তিন চার মাস তাদের কাটে বোধ করি তারা নিজেরা এবং যিনি তাদের এই পৃথিবীতে এসেছেন সেই মহামান্য বিধাতা ছাড়া কেউ জানতে পারলো না !

এবারে পালা এলো আমন ধান কাটার ... মরার মত হয়ে বেঁচে থেকে জীর্ণ শরীরে হরিহর ও তার ভাই কাশীনাথ দিন-রাত অক্লান্ত পরিশ্রম করে পরের গলা ভরিয়ে দিলে সোনার ধানে ...অবশ্য তার বিনিময়ে মজুরি পেল কিছু ... ছেলের জ্বর বৃদ্ধ মায়ের অসুখ এই টাকায় চলে কি করে ?

না খেয়েই কেটে গেল আরও এক মাস ... সময় এলো বোরো ধান চাষের হরিহর ভাবলো বছরের মধ্যে অনেকদিন ঘরে বসে থাকতে হয় কোন কাজকর্ম থাকে না- তাই সংসার চালানো জন্য যদি ভাগে দুই তিন বিঘা জমি গায়ে-গতরে খেটে চাষ করতে পারি ....

তাহলে বছরের খোরাকি হয়ে যাবে - আর কিছু না হোক দুবেলা দুমুঠো ভাত তো খেতে পাবে ....

পরক্ষনেই ভাবলো আমাদের সম্বল তো এক বিঘা জমি-আমাদের কেউ কি জমি ভাগে দেবে ?

সাহস নিয়ে মনে মনে ভাবল তবুতো চেষ্টা করা উচিত -এই মনে করে অনেকের কাছে জমি ভাগে দেবার কথা বললো -কিন্তু কেউ তাকে জমি দিতে রাজি হলো না!

আবার কেউ কেউ বলল- তোকে জমির দিলে জমি চাষ করবি কি করি- সার -দিবি কি করি .. যাদের নুন আনতে পান্তা ফুরায় তারা আবার ভাগে জমি চাষ করবে ? কে দেবে জমি ?

শেষে ধান দিতে পারবিনি .... বাপ-কেলে ভিটেটাও তো খেয়েছিস- ধার শুধবী কি করি ...

সকলের কাছে হাত পেতে যখন কোনো সুফল হলোনা তখন মনে পড়ল কানাই মিত্রির কথা তিনি পাশের গায়ের একজন বৃত্তবান ধনী লোক ..তার ছিল প্রায় পঞ্চাশ -ষাট বিঘে চাষের জমি ....

হরিহর তারই জমিতে বেশিরভাগ সময় কাজকর্ম করত.. মিত্রি মশায়ের হাতে-পায়ে ধরে দুই বিঘা জমি তাকে ভাগ চাষের জন্য দিতে হবে এই প্রার্থনা করল ...

মিত্রি মশাই সহজ ভাষায় জানিয়ে দিলেন -যে বিঘা প্রতি ছয় মোন ধান ...ফসল তোলার সঙ্গে সঙ্গে দিতে হবে ! কোন অজুর আপত্তি শুনবেন না ...

আবারও বললেন ওই যে বললাম বিঘা প্রতি ছয় মোন ...যদি পারিস তো বল ? না হলে অমন ঢের লোক আছে .. যা বিরক্ত করিস নি ...

হরিহর ভাবলে আর তো কোথাও জমি পাওয়া যাবেনা .. এই মনে করে রাজীই হয়ে গেল !তখন জমি ভাগে চাষ করলে দিঘা প্রতি চার থেকে পাঁচ মোন ধান জমিদারকে দিতে হতো ..কিন্তু যেহেতু হরিহর মিত্রি মশায়ের দিন মজুরি খাটে - তার গলা ভরে দিয়ে আসে - মজুরি করেই তার সংসার চলে ... তাই কিছু সহানুভূতি পরিবারকে জানানো দরকার এই বলে মনে ভেবেই মিত্রি মশায় হরিহর বিঘা প্রতি ছয় মোন ধানের কথা বললেন ... তাছাড়া ওরা তো দরিদ্র সমাজের নিয়ম অনুসারে একটু বেশি তো দিতেই হবে ... কারণ তাদের যা বলবে তাই বিনা প্রতিবাদে দিতে বাধ্য .....

তাতে তারা নিজেরা খেতে পাক আর নাই পাক তাতে কি আসে যায় ? সমাজের উঁচুতলার মানুষের ? প্রাসাদে বাস করে রাত দিন পাখার তলায় বসে রঙিন টিভি দেখে মহানন্দে দিন কাটে !তাদের তো আর রোদে পুড়ে জলে ঘেমে মাঠে কাজ করতে হয়না- তাদের কি দরকার নিচুতলার গরিব পথবাসী

ক্ষেত মজুরদের খবর নিয়ে-

তারা কি উঁচুতলার বড় বড় মানুষের কোন উপকার আসে ? তারা তো দিনরাত মজুরি খাটে-নিজেদের জীবন ধারণের জন্য ..নিজেদের তাগিদে -তাদের পেটের জ্বালায়.... তাহলে আপনারাই বিচার করুন কৃষক - মজুর শ্রমিক - ক্ষেতমজুর সেই রাজপ্রাসাদে বসবাসকারীদের কি উপকারে আসে ?ছোট লোকেরা তাদের নিজেদের স্বার্থেই তো বড় বড় মানুষের দোলা বহন করে ... তাই না ....

তাহলে তাদের সুখ-দুঃখের খবর কেনইবা বড় মানুষের দল বুঝতে চেষ্টা করবে ?

তারা নিজেরা তো সুখী অবশ্য রাতে ঘুম না থাকতে পারে ! সমাজে তারা তো মাথা উঁচু করে বাঁচতে পারে ! তাদের কথায় কেউ তো প্রতিবাদ করেনা ! তাদের দেখে সবাই তো মাথা নুইয়ে দেয় ! তিনি যেমনই হোক না কেন তার বাইরের সাদা পোশাকে মোড়া ভদ্রলোক... অবশ্য মনে মনে তাকে গালমন্দ করল ... তার কাছে এসে যায় না !যখন যেটা পাওয়ার ইচ্ছে হয়তো না চাইতেই হাজির হয়ে যায় তাহলে খেটে খাওয়া মানুষের খবর নিয়ে কিছু কি তাদের লাভ হবে ?আপনারা কি বলেন ?

ষষ্ঠ অধ্যায়

জমি তো পাওয়া গেল সেটিকে তো এবার চাষ করতে হবে ...হরিহর বোধ করে না খেয়ে না দেযে কাজের সময়ে দুইশ আড়াইশো টাকা জমিয়ে রেখেছিল.. দু-একটা জন মজুর নিয়ে দু ভায়ে দিন- রাত্তি পরিশ্রম করে তিন বিঘা জমি রুয়ে ফেলল !

কিন্তু এখানেই তো শেষ নয় তাতে নিয়র্মিত জল দিতে হবে -আগাছা পরিষ্কার করতে হবে -ঠিক সময় সার দিতে হবে - রোগ পোকার আক্রমণ হলে কীটনাশক প্রয়োগ করতে হবে-- তাছাড়া প্রাকৃতিক দুর্যোগ তো আছে ধান গাছ পোতা হয়ে হেলেই তো এমনি এমনি ধান গলায় উঠে আসবে না !

এদিকে জমিতে চাষ দেয়ার ট্রাক্টর এর দাম বাকি ! তাই কোন দিন রাত একটা কোনদিন দুটোর সময় ঘুম থেকে উঠে হরিহর ও তার ভাই কাশীনাথ জমিগুলোতে জলপাইয়ে দিয়ে - অন্যের জমিতে কাজে বেরোই ...কারণ খেয়ে বাঁচতে হবে- জমিতে সার দিতে হবে ঠিক সময়ে ! কিছু টাকা আছে কিন্তু মায়ের অসুখ ডাক্তার দেখাতে হবে কারণ এই অসময়ে তিনি যদি অমৃতলোকে যাত্রা করেন তাহলে হয়তো তাদের একমাত্র সম্বল একদিকে জমিটা বিক্রি করতে হবে ... তার মা যেন কি একটা কঠিন রোগে দীর্ঘদিন ভুগছে ....

একটা বড় ডাক্তার দেখানো উচিত- কিন্তু যাদের দুবেলা অন্ন জোটে না তাদের আবার বড় ডাক্তার? যখন একটু বেশি হয় অপাড়ায় গিরিশ ডাক্তারের কাছ থেকে আক্ষেপ ওষুধ নিয়ে আসত এবং তাতেই সেরে উঠতে কোন রকমে...

এইরকম করিয়ে দিন চলছিল কিন্তু এবারে বাড়াবাড়ি হওয়ার জন্য মাকে তিন-চার মাইল দূরে প্রদীপ চক্রবর্তীর নামে এক পাশ করা ডাক্তার কে দেখিয়েছিলেন এবং বর্তমানে বেশ ভালই আছে !

কিন্তু জমিতে সময় মতো সার দেওয়া হলো না ..তারপর কিছুদিন ঢেরা- ডবল কেটে জমিতে কোনরকম নামো নামো করে করে সার যদি বা দেওয়া হলো - আগাছা পরিষ্কার করা হলো না !

আগাছা পরিস্কার করবে তার উপায় নেই -কারণ এখন যে ঘরে একটাও খুদের কণা পর্যন্ত নেই - সব ফুরিয়ে গেছে !অপরের জমিতে কাজে না গেলে দানাপানি জুটবে না ! এরই মধ্যে দু-তিন দিন উপোস করে থাকতে হয়েছে কারণ প্রচন্ড ঝড় বৃষ্টির জন্য কাজে বেরোতে পারেননি- আর ঘরে বসে ওই দুই তিন দিন জল খেয়েই কাটাতে হয়েছে আর কদিন উপোস করে কাটানো যাবে ?

সপ্তম অধ্যায়

পরের দিন একটু ধরণ করতেই কাজের সন্ধান করতে বেরিয়ে পড়ল হরিহর... কিন্তু কোথাও কাজের সন্ধান পাওয়া গেল না-

অবশেষে পৌছলেন মিত্রি মশায়ের কাছে মিত্রি মশায় জানালেন তার বাগানে কিছু কাজ আছে কিন্তু এখনই না করালে চলবে .... তারা যে দুদিন উপোস করে আছে এই কথা মিত্রি মশায় কে বলল হরিহর.. তাই শুনে মিত্রি মশাই বললেন যা আজ আর নয় বেলা হয়েছে কাল আসিস ... এই কথা শুনে হরিহর বলল বাবু যদি কিছু আগাম দিতেন তাহলে মা আর ছেলে রামু কে খিদের জ্বালায় ছটফট করতে হত নি ! তাই বলছিলাম কি আগাম যদি কিছু টাকা হত ...

এ কথাগুলি কে বলতে বলতে হরিহরের চোখে জল এসে গিয়েছিলো মিত্রি মশাই লক্ষ্য করেছিলেন তাই তাই গলার স্বর আরেকটু নামিয়ে বললেন- এই নে পাঁচটা টাকা তোকে আগাম দিচ্ছি.... কিন্তু মনে রাখিস অন্য কারো জমিতে কাজে চলে যাবি না কালকে আসিস কিন্তু ...

কিছু আটা আর কিছু চিনি কিনে ঘরের দিকে কোনমতে যাত্রা করল হরিহর -পেটে খিদের জ্বালা দাউদাউ করে জ্বলছে তা দেখলেই বোঝা যায় !ঘরে ঢুকে দেখলো কচু ডাটা সেদ্ধ হচ্ছে ...কি করা যাবে হৃহরের ঘরে ফিরতে দেরি দেখে পথের পাশে কিছু কচু গাছ ছিল তার থেকে গোটা কতক ডাটা কাশীনাথ কেটে এনে ছিল - সব কেটে নিলে যদি কেউ গাল মন্দ দেয়- তাছাড়া আবাও কোনদিন হয় তো এমনও ভাবে খেতে হবে !

হরিয়ার বোধকরি কিছু খাবার জোগাড় করে ফিরবে এই আশ্বাস দিয়েছিল ....তাই হরিহর ফিরছে না দেখে এই ব্যবস্থা ! হরিহর যে আটা এনেছিল তার কিছুটা ঘন্ট করল- বিধবা মা ছোট ছেলেকে ত চিনি মিশিয়ে খেতে দিলো কারণ তারা শুধু আটার ঘন্ট খেতে পারবে না !

নিজেরা সেই কচু ডাটা সেদ্ধ খেয়েই দিনটা কাটিয়ে দিল !

ধান ফলান সময় চৈত্র মাসের প্রথম সপ্তাহ ....এখন মাঠে কাজ কর্ম নেই বললেই চলে অনেজ খুঁজে খুঁজে তবেই কাজ পাওয়া যায়- হরিহর খোঁজখবর করে কোন রকমে কাছ জোগাড় করে কারো বাগানে- কার বা মাটি কাটা যখন যা পায় তাই করে ...কখনই বা কম মজুরিতেই কাজ করতে হয় ! না হলে চলবে কি করে ? কতদিন যে এইভাবে আধপেটা খেয়ে কচু ডাটা সেদ্ধ খেয়ে দিন কাটাতে হবে তা বিধাতাই জানেন ....

ধান দু- চারটে করে ফলতে শুরু করেছে এ সময় ভালো

মতন জল সেছের প্রয়োজন -ওষুধ তো দেওয়া হয়নি যা হওয়ার তা হয়ে গেছে ...কিন্তু ভাই কাশীনাথ হঠাৎই জ্বরে পড়ে যাওয়ায়জন্য সময় মত জল সেচ দেওয়া হয় ওঠেনি কারণ একজনে যে চিমনি দিয়ে জল ছেচা যায় না!

আর কাশীনাথ কে তো দোষ দিয়ে লাভ নেই তার তো শরীর পাথর নয় - দেখতে কালো পাথরের মত হলে কি হবে ? তার শরীর যে রক্ত-মাংসে গড়া- এই রোদে পুড়ে জলে ভিজে সকাল থেকে সন্ধ্যা পর্যন্ত মাটি কাটলে কি হবে ? তাছাড়া খাদ্যটা উপযুক্ত পায়নি কখনোও ...

ধান যা ফলার ফলেগেছে - অবশ্য তেমন ভালো ফলন হয়নি কারোও ... প্রথমত জলের অভাব- খালে মাটি ভরে যাওয়ার জন্য এবারে ভালো জোয়ারের জল প্রবেশ করেনি... আবহাওয়া খারাপের জন্য রোগ- পোকার আক্রমণ বেশি ছিল !

আরেকটি বিশেষ কারণ হচ্ছে যখন ধান ফলতে শুরু করেছিল তখন এক প্রবল শিলাবৃষ্টি হয় - তাতে অনেক ফুল ঝরে গিয়েছিল... ফলে অনেক শিষ নষ্ট হয়ে যায় - তাছাড়া অনেকে ধানশীষ ভেঙে পড়ে ধান গাছের মাথায় চুল পড়ার জন্য- মাথা ভেঙে যায় ! আর হরিহরের ধান সবচেয়ে খারাপ হলো বোধ করি তা বুঝিয়ে বলার প্রয়োজন হবে না তাদের যেমন অবস্থা ঠিক সেইরকম অবস্থা ধান গাছ গুলো ঠিক তাদের মতই দুর্বল....

ধান যেমনই হোক কেন এখন পেকে গেছে .ঘরে তুলতে হবে... হরিহর আর তার ভাই মিলে তিনি কোন রকমে খুঁটে খুঁটে কেটে ঘরে তুলেছে -এবার তাকে ছাড়তে হবে - এদিকে জমিদার লোক পাঠিয়েছেন খবর নিতে ধান কবে দেবে? পাছে কারো কাছে বিক্রি করে দেয় কিংবা বেশি দেরি করলে খেয়ে ফেলে দুশ্চিন্তায় রমেশ কে পাঠিয়ে দিয়েছে খোঁজখবর নিতে ...সকাল-সকাল রমেশ হরিহর কে বলল- কিরে মিত্রি

মশায় পাঠিছে ধান কবে দিবি ?

বুঝতেই তো পাচ্ছ ভাই ধানগুলো সবে তুলিছি আর দিন কতক পরের জমিতে মজুরি না খাটলে খাব কি ? তাই দিন দশেক পরে এসো....

ধান ঝাড়া হলে দেখা গেল মন কুড়ি বাইশ ধান হয়েছে তিন বিঘা জমিতে ...জমিদারকে দেবে কি- আর নিজেদেরই কিবা থাকবে ? সারা বছর কি বা খাবে ? এইরূপ নানা চিন্তাই যখন ভিভোর হরিহর ঠিক সেইসময়ে জমিদার মিত্রি মশাই এসে হাজির ....

তিনি বোধ করি কারো কাছ থেকে খবর পেয়েছে যে ধান ঝাড়া হয়ে গেছে তাই বিলম্ব না করেই হাজির - তিনি যে ধান নিতেই এসেছে এ বিষয়ে কোন সংশয় রইল না ...

তাই তার বুকটা কেঁপে উঠলো কারন সে বুকের কাঁচা রক্ত জল করে অতি কষ্টে এই যত্‌সামান্য ফসল ফলিয়েছে ...

এখনই জমিদার সবটুকু নিয়ে চলে যাবে ...তাই তার গলার স্বর কেমন যেন হয়ে গেল- তার বুক ফেটে কান্না বেরিয়ে আসতে চাইল কিন্তু কার কাছে সে দুঃখ জানাবে আর কেই বা তার দুঃখ বুঝবে ?

অত্যান্ত কাতর স্বরে ধান গুলির দিকে লক্ষ্য করে হরিহর বলল এই দেখুন মিত্রি মশাই এই আমাদের এক বিঘা আর আপনার দুবিঘা জমিতেএই ধান টুকুই পেয়েছি ...আপনাকে যদি বার মোন ধান দিয়েদি - তাহলে আমাদের থাকবে কি ?আমরা খাব কি? এই কথা শুনে মিত্রি মশাই বললেন কেন জন খেটে খাবি...

একদিনতো ধান ছিল না তবে কি উপোস করে থাকতিস?
উপোস করে থাকব কেন কোন দিন কচু ডাটা সিদ্ধ কোন দিন

আটা ডালল্লা খেয়ে কাটিছি ....

মিত্রি মশাই বললো..তাই খাবি তাই খেয়ে বেঁচে থাকবি -আমি জমি দেবার আগেই বলেছি কোন কথা আমি শুনবো না ! ধান হোক নাই হোক আমার কোন যায় আসে না - আমার ধান আমাকে দিতেই হবে না হলে এক কাজ কর আমি ধান চাইবো না তোদের জমিটা আমার কাছে রেখে দে যতদিন না বার মোন ধানের দাম ওঠে ততদিন আমি চাষ করে নেবো !

ওইটুকুই জমি সম্বল তা কোন মতে হাতছাড়া করলে তা চলবে না ...

তাই উপায় কি বার মোন ধান মেপে দিতে হলো মিত্রি মশাই সঙ্গে করে লোকজন এবং ভ্যান নিয়ে এসেছিলেন ধান বস্তা গুলো ভ্যানে তুলছেএমন সময় কোথা থেকে কাশীনাথ ছুটে এলো...মিত্রি মশায়ের পায়ে পড়ে কাঁদো কাঁদো হয়ে বললো সব ধান নিয়ে চলে যাচ্ছেন ....

পা দুটো জড়িয়ে ধরে আরো অনেক কিছু বললো কিন্তু কান্নার আবেগে তা বোঝা গেল না ..তাই দেখে মিত্রর মশাই বললেন কি আর করবি ..কি আর করবি উপোস করে মরবি এ যে জমিদারের ধান দিতে হবে না! আমার কাছে গিয়ে ছিলিস কেন? নেহাত আমার জমিতে কাজ করিস তাই দয়া করে দিয়েছিলাম চাষ করতে এত নাটক করবি জানলে কি আমি দিতাম...?

পা ছার ... ধানের বস্তা গুলো তাড়াতাড়ি ভ্যানে তুলে-লোকজন সমেত মিত্রির মশাই চলে গেলেন.. মাটিতে শুয়ে কাশীনাথ উচ্চস্বরে কাঁদতে লাগলো ...

খানিকক্ষণ পরে হরিহর ভাই কে বুকে জড়িয়ে ধরে বললে ভাই আমরা যে দিনমজুর- দরিদ্র-অসহায় আমাদের দুঃখ দিয়েছে বিধাতা অফুরান -ক্ষুধাও দিয়েছে তেমনভাবে... কিন্তু প্রকাশ করার অধিকার দেয়নি ...তাই আমাদের এইভাবে জীবন কাটাতে হবে আমাদের দুঃখ দরিদ্র কেউ বুঝবে না কোন দিনও ....

আমরা এই ভাবেই জন্মেছি আর এই ভাবেই মরে যাব- পরের জমিতে গোলামী করে ...এটাই আমাদের কর্ম এটাই আমাদের ধর্ম আর এটাই আমাদের বংশ পরম্পরায়....

আমার গল্প শেষ হলো...আর নটি গাছটি মুড়ালো .. . কিন্তু সুধী পাঠক পাঠিকা বিন্দু ভদ্রমহোদয় গন আপনাদের কাছে আমার নিম্নোক্ত প্রশ্ন রেখে দিলাম ....

মানুষ মানুষের জন্যে,জীবন জীবনের জন্যে।একটু সহানুভূতি কি মানুষ পেতে পারে না?ও বন্ধু....মানুষ মানুষের জন্যে,জীবন জীবনের জন্যে।একটু সহানুভূতি কি মানুষ পেতে পারে না?ও বন্ধু....মানুষ মানুষের জন্যে।

মানুষ মানুষকে পণ্য করে,মানুষ মানুষকে জীবিকা করে।মানুষ মানুষকে পণ্য করে,মানুষ মানুষকে জীবিকা করে।পুরনো ইতিহাস ফিরে এলে, লজ্জা কি তুমি পাবে না?ও বন্ধু...........

মানুষ মানুষের জন্যে,জীবন জীবনের জন্যে।একটু সহানুভূতি কি মানুষ পেতে পারে না?ও বন্ধু......মানুষ মানুষের জন্যে।

বল কি তোমার ক্ষতিজীবনের অথৈ নদী,পার হয় তোমাকে ধরে দূর্বল মানুষ যদি।বল কি তোমার ক্ষতিজীবনের অথৈ নদী,পার হয় তোমাকে ধরে দূর্বল মানুষ যদি।

মানুষ যদি সে না হয় মানুষদানব কখনো হয় না মানুষ।মানুষ যদি সে না হয় মানুষদানব কখনো হয় না মানুষ।যদি দানব কখনো বা হয় মানুষ, লজ্জা কি তুমি পাবে না?ও বন্ধু..........

মানুষ মানুষের জন্যে,জীবন জীবনের জন্যে।একটু সহানুভূতি কি মানুষ পেতে পারে না?ও বন্ধু...মানুষ মানুষের জন্যে।।

বিশেষ দ্রষ্টব্য:- গানটির কথা ও সুর এবং শিল্পী ভূপেন হাজারিকা

অনেক ছোটবেলায় এই গানটি শুনে উদ্বুদ্ধ হই এই গল্পটি লিখেছিলাম তাই এই গল্পটি পরম শ্রদ্ধেয় শিল্পী কে উৎসর্গ করলাম ....

সমাপ্ত....✍

www.ingramcontent.com/pod-product-compliance
Lightning Source LLC
LaVergne TN
LVHW100331181026
850499LV00039B/1036
* 9 7 8 9 3 5 4 5 8 6 4 1 5 *